ISRAEL

Kulinarische Reise mit Mirko Reeh

Inhaltsverzeichnis

Seite 5: Vorwort: Mirko Reeh
Seite 7: Vorwort: Andrea Kiewel, TV Moderatorin
Seite 8: Vorwort: Alon Meyer, Präsident Makkabi Frankfurt

Kulinarisches über Israel

Seite 9: Willkommen auf dem Schuk!
Seite 15: Einwanderung zeigt sich auf dem Teller
Seite 27: Hat Essen eine Konfession?
Seite 33: Gutes für jeden Tag
Seite 37: Essen rund um die Uhr
Seite 43: Was Leckeres kommt auf die Hand
Seite 45: Was dem Leben seine Würze gibt
Seite 48: Die Basis des Genusses
Seite 49: Das schmeckt in Israel wie sonst nirgends
Seite 53: Was ist sie nun, die israelische Küche?

Rezepte

Seite 55: Basic - Fonds
Seite 57: Zatar Gewürzmischung | Tahina
Seite 59: Raz El Hanout Gewürzmischung | Harissa Gewürzmischung
Seite 61: Rote-Bete-Creme | Karotten-Creme | Oliven-Feigen-Creme
Seite 63: Fisch Rub | Baharat Gewürzmischung
Seite 65: Hummus
Seite 67: Challa-Brot mit Sesam
Seite 69: Israelische Bagels
Seite 71: Hühnersuppe mit Matzeknödel
Seite 73: Russisch-israelische Borschtsch-Suppe
Seite 74: Auberginensuppe
Seite 75: A´ja-Brotfrikadellen
Seite 76: Karottensalat
Seite 77: Tabule
Seite 79: Falafel mit Joghurt-Minze-Dip
Seite 80: Kohlrabi-Salat mit Minze und Baby-Spinat
Seite 81: Spargel-Freekeh-Salat
Seite 83: Salat von Rucola und Spinat mit Birne

Seite 85:	Rote Bete mit Spinat und Walnussdressing
Seite 87:	Grünkohl-Salat mit Cranberry-Sumach-Dressing
Seite 89:	Kichererbsen-Salat mit Couscous und Granatapfel
Seite 91:	Majadra mit Rote-Bete-Salat
Seite 93:	Gebratene Aubergine mit gewürztem Joghurt
Seite 95:	Latkes
Seite 96:	Muschelnudeln mit Joghurt-Soße und Erbsen
Seite 97:	Gebackener Kürbis mit Raz El Hanout und Amba
Seite 99:	Kohlrouladen in Tomaten-Chili-Oliven-Soße
Seite 101:	Graupen-Risotto mit Feta
Seite 103:	Schakschuka
Seite 105:	Gerösteter Blumenkohl mit Granatapfel und Minze
Seite 107:	Lachs mit würzigem Rub auf süßen Linsensalat
Seite 109:	Kabeljau auf Backkartoffeln mit Artischocken
Seite 111:	Würzige Fischbällchen
Seite 113:	Senf-Chili-Brioche-Burger mit Fisch
Seite 115:	Makkaroni-Chamin
Seite 117:	Brathähnchen mit Zitrone und Arak
Seite 119:	Maqluba
Seite 120:	Gurken-Joghurt
Seite 121:	Sofrito
Seite 123:	Gefüllte Auberginen
Seite 125:	Nudeltörtchen mit würzigen Lammbällchen
Seite 127:	Lamm mit Spinat und Mandelmilch
Seite 129:	Lammrücken mit Kräutermarinade und Safranreis
Seite 131:	Hacksteak auf Zucchini-Spinat-Gratin
Seite 133:	Hackfleischbällchen mit Roter Bete auf mariniertem Salat
Seite 135:	Geschmorte Kalbsbeinscheibe mit Pflaume, Fenchel...
Seite 137:	Schawarma vom Lamm
Seite 139:	Pita und Tomatenragout mit Harissa
Seite 141:	Rindereintopf mit Hummus
Seite 143:	Kreplach
Seite 146:	Halva
Seite 147:	Muhallabieh
Seite 149:	Mohn-Orangen-Strudel
Seite 151:	Pistazien-Eis mit Thymianhonig
Seite 153:	Sufganiot – israelische Krebbel
Seite 155:	Orangenkuchen
Seite 157:	Tahina-Plätzchen
Seite 158:	Bücher von Mirko Reeh
Seite 160:	Impressum

Ein Buch ohne Vorwort ist wie ein Körper ohne Seele, sagt ein jüdisches Sprichwort

Wer wie ich viel in der Welt unterwegs ist, immer auf der Suche nach neuen Inspirationen, dem bleibt es nicht verborgen: Die israelische Küche zeigt sich beliebt wie nie.

Für mich ist in den letzten Jahren sogar der Eindruck entstanden, dass es mehr Restaurants mit koscherem Essen außerhalb Israels gibt als in Israel selbst.

Was ist also dran an dieser Faszination? Schon nach den ersten Tagen, ach was, nach den ersten Minuten auf einem Markt in Jerusalem war mir klar: Die Küche dieses Landes ist weit mehr als Hummus, Schawarma und Falafel! Und als ich dann in Israel die echte israelische Küche kennenlernte, gewürzt mit der sprichwörtlichen Gastfreundschaft und dem Stolz ihrer Köche – da gab es keine Zweifel mehr. Es lohnt sich, sich mit der Küche Israels zu beschäftigen.

Die Zeit hat aus dem Land, in dem Milch und Honig flossen, um die Bewohner des biblischen Landes Kanaan zu erfreuen, ein Land werden lassen, in dem die Milch von Schafen und Ziegen nach aromatischen Kräutern schmeckt und in dem auf riesigen Wüstenplantagen honigsüße Datteln wachsen. Milch und Honig, sie stehen für die Traditionen und auch die seit Jahrtausenden überlieferten Gerichte der Völker dieses Landes. Zugleich ist es ein Land, das sich in den vergangenen Jahrzehnten neu erfunden hat und auch immer wieder neu erfinden muss.
Die Koexistenz der in Israel vertretenen Völker, Kulturen und vor allem Religionen ist es, was das Leben in Israel bis hinein an den heimischen Herd bestimmt.

Ich möchte Sie einladen, mit mir einen Blick in die Kochtöpfe Israels zu werfen und zu entdecken, welche kulinarischen Köstlichkeiten das Zeug dazu haben, Menschen unabhängig von ihrer Religion und Herkunft an einen Tisch zu bringen.

Euer Mirko

Alles in Israel ist opulent

Es ist laut wie ein Rummel beim größten Besucherandrang. Es duftet nach Zucker und Zimt, schmeckt süß und sauer, salzig und pfefferig, nach Melone, Kichererbsen und ofenwarmem Pita-Brot. Oder doch nach Mohnstrudel?

Israel ist wie ein großes Schlemmer-Büfett, an dem man sich nicht satt sehen und satt essen kann.

Es muss an den Menschen liegen. Sie sind laut, direkt, liebevoll, hilfsbereit, gelegentlich unwirsch, optimistisch, unsagbar lebensfroh, sie singen, tanzen, lieben Kinder und Hunde und Katzen, und wenn sie etwas nicht haben, dann ist es ein gesundes Mittelmaß.

Genau so ist das Essen im Heiligen Land. Es strotzt geradezu vor Zutaten, die Vielfalt ist unbeschreiblich, die Geschmäcker sind immer verschieden. Bis heute kann ich nicht sagen, welches nun genau mein Lieblingsgericht ist. Am besten von allem etwas – und davon die größte Portion.

Lassen Sie sich verführen von den köstlichen und ausgefallenen Rezeptideen meines lieben Freundes Mirko Reeh. Trauen Sie sich. Kochen Sie israelisch und wenn Sie dann mit vielen Freunden am Tisch zusammen essen, dann wissen Sie, was Israel und seine Küche gemeinsam haben: Lebensfreude, Hoffnung, Glück.

Ihre Andrea „Kiwi" Kiewel

Moderatorin und Autorin

Heimat

Denke ich an Israel, so denke ich an Heimat, an Zuhause. Und was verbindet man mit Zuhause mehr als alles andere? Das Essen.

Ich denke an das frische Gemüse und Obst, an die Gewürze auf dem Shuk in Tel Aviv, an Medjool-Datteln aus dem Bet'Sche'an-Tal. Ich denke an lachende, fröhliche Menschen, an offene Küchen, die bereits erahnen lassen, welche Köstlichkeiten sie für uns bereit halten: Ich fühle mich wie zu Hause.

Israel ist ein Einwandererland und somit die israelische Küche besonders vielfältig. Wir finden nicht nur Einflüsse aus der arabischen Küche, sondern aus allen Teilen der Erde. Die italienische Küche trifft auf die griechische, französische und arabische. Ob ein Schakschuka aus Jaffa zum Frühstück, Hummus vom HaCarmel zwischendurch, Blumenkohl mit Tchina auf der Ibn Gvirol und für etwas Süßes (denn dafür ist immer Platz) ein Törtchen von De la Paix. Die israelische Küche bietet immer das Richtige, denn die Küchen der Welt sind in ihr vereint.

Mein Freund Mirko Reeh schlägt nun mit seinen vorzüglichen Rezepten eine kulinarische Brücke und lädt uns ein auf eine Reise in die Welt der israelischen Küche.

Mein Tipp lautet: Folgen Sie ihm!

Kochen Sie für sich, für Ihre Familie und für Ihre Gäste, denn: Zuhause schmeckt es immer noch am besten.

Mit sportlichen Grüßen

Alon Meyer

Präsident von Makkabi Frankfurt
Präsident des Dachverbands Makkabi Deutschland
Gemeinderatsmitglied der Jüdischen Gemeinde Frankfurt am Main

Willkommen auf dem Schuk!

In Deutschland wie in Israel und in vielen anderen Ländern gilt: Wer schnell, frisch und günstig fürs Kochen einkaufen will, der geht auf den Markt. Und wer nach Inspirationen sucht, ein unterhaltsames Schwätzchen halten und dann auch ein leckeres Häppchen probieren möchte, sowieso.
In Israel geht man so oft wie möglich auf den Schuk, den Markt, denn die Küche lebt von frischen Zutaten, saftigem Obst und regionalem Gemüse, dem frische Kräuter besondere Aromen verleihen. Auch Fleisch wird natürlich angeboten auf den Märkten. Viel Lamm, viel Hühnchen, kaum „weißes Fleisch", wie hier Schweinefleisch genannt wird.

Immer wenn ich als leidenschaftlicher Koch die Möglichkeit habe, auf meinen Reisen über einen Markt zu schlendern, nutze ich sie, denn ich liebe diese farbenfrohe Stände voller frischer Zutaten.

Die israelischen Märkte – egal ob in kleinen oder großen Städten – haben noch einen zusätzlichen Aspekt, der sie so besonders macht. Hier kommen alle zusammen, um sich dem Aspekt ihres Alltags zu widmen, der sie alle unabhängig von Herkunft und Religion verbindet: die Lust auf gutes Essen und der Spaß am Genuss von frischen und hochwertigen Zutaten. Orientalische Märkte sind ein Faszinosum für alle Sinne, aber die israelischen überraschten mich trotzdem noch. Optisch gigantisch und extrem farbenfroh haben sie alles getoppt, was ich bis dahin an Märkten gesehen habe.

Die hohen Temperaturen, das Lachen, Schwatzen und Handeln der unzähligen Menschen, die vor und hinter den Marktständen herumwuseln, das intensive Licht, das durch die honigfarbenen Sandsteine der Häuserwände besonders warm und entspannend wirkt. Die Zeit scheint beim Wandern über den Markt stillzustehen und zugleich geht es zu wie auf einer Ameisenstraße.

In den religiösen Zentren Israels wie etwa Bethlehem oder Jerusalem ergibt sich hier natürlich ein etwas anderes Bild als in anderen Staaten des Nahen Ostens. Im Straßenbild fallen ultraorthodoxe Juden auf, die ihren strengen Glauben durch ihre Kleidung zum Ausdruck bringen: Schwarze Anzüge, lange Bärte und dazu der typische schwarze Hut mit seiner geraden breiten Krempe, unter der auch schon bei den Jungen im Schulalter lange Schläfenlocken heraushängen. Ein paar Meter weiter muslimische Frauen mit Kopftuch und arabische Männer, die die Gebetskette in den Händen drehen, Christen, die ein kleines goldenes Kreuz um den Hals tragen. Auf den Märkten kaufen alle ein. Auch die, die mit Religion so gar nichts am Hut haben. In Tel Aviv dagegen sieht man kaum hochreligiöse Gruppierungen, denn es ist die Hochburg der Schönen, Reichen und Vergnügungsbereiten.

Frische und Genuss im Überfluss

Wie die Sanddünen der Wüste Negev erheben sich die Berge aus Gewürzen und Pulvern, in allen Schattierungen von glitzernd-weißen Salzkristallen bis hin zu tiefrotem, scharfem Paprikapulver, von gelbem Kurkuma bis zu unzähligen Bündeln frischer, grüner Kräuter aus dem Umland.
Durch die Gassen, die vor allem auf den historischen Märkten der Altstädte gerade mal so breit sind, dass ein Esel hindurch passt, zieht ein unablässlicher Strom von Düften und Aromen. Jeder Händler hat seine eigene spezielle Gewürzmischung und wer ihm verrät, was heute auf den Tisch kommen soll, bekommt auch eine ganz eigene Mixtur. Ein bisschen hiervon, ein bisschen davon, in ein Tütchen abgefüllt und fertig. Der Allrounder für jede Gelegenheit ist Zatar (auch Za'atar). Die Gewürzmischung besteht in erster Linie aus gleichnamiger Pflanze (Wilder Thymian) mit geröstetem Sesam und Sumach. Und sie ist eine Offenbarung mit mildem Olivenöl, etwas Salz und frischem Brot.

Feinkostläden verkaufen Schafs- und Ziegenkäse, der das Aroma der Kräuter aus den Bergen in sich trägt, es finden sich unzählige Variationen von Tahina, der Sesampaste, die in den kleinen Ölpressen Israels hergestellt wird, es gibt eingelegten Fisch, Regale, die sich unter Reihen von Hefeteigzöpfen, den Challot, biegen. Von A wie Artischocken und Aprikosen bis Z wie Zitrusfrüchte und Zucchini, dazu subtropische Obstsorten wie Kiwis, Mangos, Dattelpflaumen, Passionsfrüchte, Papayas, exotische Loquats (Japanische Wollmispel) und die Cherimoya-Frucht, frische Datteln, Feigen, Granatäpfel und Erdbeeren – das alles und noch mehr.

Israels Obst und Gemüse ist oftmals nur wenige Stunden auf Reisen und landet meist noch am Tag der Ernte auf einem der großen Stapel an den Marktständen. Jaffa-Orangen, Grapefruits, Clementinen und Zitronen machten Israel zur Obstnation und wer an einem solchen Stand vorübergeht, nimmt den erfrischenden Geruch der Berge von Zitrusfrüchten, die in dunkelblauen Kisten gestapelt warten, ein Stück weit mit. In manchen Städten wie Jerusalem gehören Feigenbäume zum Stadtbild. Sind die Früchte reif, darf sie jeder pflücken.

Dazu gibt es überwältigende Mengen frischer Kräuter, die vor allem aus den umliegenden Dörfern der großen Städte körbeweise auf dem Markt verkauft werden, zum Beispiel Portulak und Salbei, deren Duft sich mit dem warmen Geruch von Kreuzkümmel und Zimt und herbem Kardamom vermischt.

Verpassen Sie die Gelegenheit nicht, die bekanntesten Märkte unter freiem Himmel zu besuchen: Mahane Yehuda Markt in Jerusalem, der größte Markt in Israels Hauptstadt seit 1870, und der Carmel Market in Tel Aviv, einer der schönsten und größten des Landes, entstanden in den zwanziger Jahren.

Schneebedeckte Berge, Salzseen und Wüsten

Israel ist ein Land, in dem es trockene und dürre Wüsten im Süden wie die Negev- oder die Arava-Wüste südlich des Toten Meeres gibt. Aber auch Schnee, beispielsweise in den Skigebieten im Norden des Landes am Berg Hermon. Das Jordantal liegt als Senke weit unter dem Meeresspiegel und ist größtenteils sehr fruchtbar. Nicht weit davon: das unwirtlich wirkende Tote Meer mit seinen salzverkrusteten Ufern. Und das alles auf etwa 20.000 Quadratkilometern Fläche – das ist etwa so groß wie der Krüger-Nationalpark in Südafrika oder zehnmal größer als Teneriffa.

Ist man mit dem Auto unterwegs oder überfliegt das Land mit einem Flugzeug, fällt sofort auf, dass Berge und Ebenen, fruchtbare Felder und Wüsten oft nur Flugminuten voneinander entfernt sind.

Subtropische Gegenden, trockene Wüsten, mediterrane Wälder – all das findet sich hier vereint in einem Land, das 470 Kilometer lang und bis zu 135 Kilometer breit, aber an der dünnsten Stelle nur etwa 15 Kilometer schmal ist.

Das Land muss kaum frische Lebensmittel einführen, denn die einzigartige Lage und die vielen Sonnenstunden lassen so gut wie Alles wachsen. Das vielfältige Klima von Nord bis Süd ermöglicht den Anbau von Oliven, Datteln und Trauben wie es im Nahen Osten Tradition ist, lässt es aber auch zu, Äpfel, Pflaumen und Kirschen zu ernten wie es die europäischen Einwanderer gewohnt sind. Vor allem in den hunderten Kibbuzim, die über das ganze Land verteilt sind, nimmt man sich die Zeit, mit neuen Frucht- und Gemüsezüchtungen zu experimentieren. Viele der besonderen Sorten, die in den Kollektivsiedlungen angebaut werden, tragen zum Lebensunterhalt der Kommune bei und sind eine Bereicherung in Vielfalt und Geschmack.

Im Norden Israels zwischen Libanon, Syrien und dem Mittelmeer herrscht das gemäßigte Klima vor. Der Norden ist die einzige Region Israels, in der es vier verschiedene Jahreszeiten gibt. Viele der Früchte, Gemüse, Gewürzzutaten und Kräuter werden hier angebaut, denn das Terrain ist abwechslungsreich und bietet viele Möglichkeiten für den Anbau der frischen Zutaten, die oftmals noch am selben Tag der Ernte auf dem Markt landen – und somit auf dem Teller.

In der Mitte des Landes sticht kulinarisch vor allen Dingen Tel Aviv heraus. Es ist nicht weit bis zum Mittelmeer, so dass Fisch und Meeresfrüchte frisch und ohne lange Wege in der Küche landen. Gleichzeitig ist die zentrale Lage zum Landesinneren und das Obst, das Gemüse und die Kräuter, die dort wachsen, eine Inspiration für die Kochkunst. Tel Aviv pulsiert, es ist jung, modern und lässig und somit perfekt für innovative Kochkreationen, die Lebenslust versprühen.

Auch Jerusalem hat einen ganz eigenen kulinarischen Charme. Die Stadt, deren erste Siedlungsspuren bis nach 5000 vor Christus zurückreichen, ist nicht nur architektonisch ein Bindeglied zwischen Antike und Moderne. Die Stadt hat eine ganz eigene Atmosphäre. Wie eine alte Grand Dame, deren Falten und Narben von einem erlebnisreichen Leben zeugen.

Jerusalem als heilige Pilgerstätte ergreift das Herz und erfüllt die Seele mit diesem ganz besonderen Honig-Licht der sandfarbenen Steine, aus denen die Häuser, die labyrinthischen Gassen und alten Mauern errichtet wurden. Jerusalem ist nicht nur die Stadt, die drei Weltreligionen in sich trägt, sondern auch deren unterschiedlichste Ess- und Kochkulturen.

Die Wüste lebt

Im krassen Gegensatz zu den von Leben strotzenden Metropolen steht der Süden Israels mit seinen weitläufigen Wüstenlandschaften. Doch auch hier ist es nicht nur karg.

Die Hälfte des Staates Israel ist Wüste. Und seit Menschen dort leben, ist es ihr Traum, diese Wüste fruchtbar zu machen. Zum Teil gelang dies schon und inmitten flirrender Sandflächen erstrecken sich riesige Dattelplantagen mit mehreren 1000 Bäumen, oftmals bewirtschaftet von Kibbuz-Gemeinschaften – modern oder nach traditionellem Standard –, die sich dort ihre eigenen kleinen Oasen schaffen und vor allem für Aussteiger willkommene Anlaufstelle sind.

Uralte, überlieferte Bewässerungstechniken machen die Gewächshäuser, die hier zwischen den sandumwirbelten Dünen zu finden sind, zu grünen und fruchtbaren Oasen. Neben den Zelten der Nomaden und den Dörfern der rund 80.000 arabischen Beduinen der Negev-Wüste, zwischen den Ruinen antiker Städte und den ältesten Siedlungsresten Israels wachsen pralle Weintrauben und saftige Erdbeeren. Viele der Obst und Gemüsesorten, die wir in unseren deutschen Supermärkten finden und die das Etikett „Herkunftsland Israel" tragen, stammen aus diesen Gewächshäusern und von den Plantagen im Süden Israels.

Die meisten der lokalen Produkte, die auf den Märkten zu finden sind, werden auf traditionell bestellten Feldern der Dorfbewohner im Umland angebaut. Auf dem Markt sind Gemüse- und Obstsorten zu finden, die nirgendwo auf der Welt industriell angebaut werden, darunter die so genannten Baladi (arabisch für „einheimische Sorten"). Manche außergewöhnlichen Gewächse sind nur für kurze Zeit erhältlich, zum Beispiel herbe, grüne Kirschpflaumen, wilde Waldbeeren von den Golanhöhen oder gelbe Feigen. Der felsige Boden und die Wasserknappheit bringen Kräuter hervor mit einem besonders konzentrierten Aroma. Und wo besonders aromatische Kräuter wachsen, zum Beispiel auf den judäischen Hügeln, wird oftmals auch überwältigend aromatischer Käse hergestellt.

Einwanderung zeigt sich auf dem Teller

Was ist typisch israelisch?

Gibt es eine typisch deutsche Küche? Lässt sich Labskaus mit Käs-Spätzle vergleichen? Das wohl nicht. Und doch verhält es sich mit der Vielfalt deutscher Gerichte ganz anders als mit den israelischen.

Denn die Unterschiedlichkeit dessen, was in Israel auf den Tisch kommt, hat wenig damit zu tun, in welchem Teil des Landes der Herd steht, auf dem es gekocht wird. Was gegessen wird, liegt eher darin begründet, woher der Koch oder die Köchin kommt – und was schmeckt.

Israel ist das Zuhause unterschiedlichster Kulturen. Und so gibt es keine typische israelische Küche – wie es auch keinen typischen Israeli gibt. Oftmals heißt es, Israel sei ein Schmelztiegel. Doch das trifft den Kern der Sache nicht ganz. Denn eigentlich ist die israelische Küche keine Legierung, sondern eine Mischung vieler Geschmacksrichtungen, die wie die Einzelsteinchen eines Mosaiks ein Gesamtbild entstehen lässt.

Diesem einzigartigen Land im Nahen Osten gelingt eine faszinierende Verwurzelung in Traditionen und gleichsam die Erfindung des stets Neuen. Kurdische Hühnersuppe, dazu Matzeknödel, ein polnisches Fischgericht, nahöstlicher Hummus und marokkanischer Couscous auf einem Tisch? Warum nicht. Es gibt ja auch christliche Araber, iranische Juden und unzählige andere Kombinationen aus Nationalität und Glauben. Man lebt nebeneinander und jeder in seiner Welt.

Israel ist ein Land der starken Emotionen und kann die Spuren von 4000 Jahren politischen und religiösen Konflikten, die zum Teil noch immer nicht ausgetragen sind, nicht verleugnen. Und so ist auch die israelische Küche eine Küche, die bunt und voller Emotionen ist. Vielfalt und Tradition dominieren das Land und verleihen ihm eine Esskultur, die irgendwo zwischen Nahem Osten, Osteuropa und dem Mittelmeer liegt.

Wer Gastfreundschaft übt, bewirtet Gott selbst, sagt ein jüdisches Sprichwort.

Herzlichkeit und Großzügigkeit Gästen gegenüber ist gleichermaßen bei Juden, Muslimen und Christen spürbar. Berge von Essen werden für die Gäste aufgetischt und niemand soll hungrig nach Hause gehen. „Sei großzügig, dann wird das Leben mit dir großzügig sein", ist eine Einstellung, die mir besonders gut gefällt. Ich mag es nicht, zu pauschalisieren, aber die Israelis, egal welcher Religion, sind mir als besonders zuvorkommend und freundlich aufgefallen – trotz der schwierigen Zeiten, die das Land und seine Völker hatten und haben.

Junges Land und Bühne der Weltgeschichte

Israel ist geografischer und historischer Schnittpunkt zwischen Europa, Asien und Afrika mit wechselvoller Geschichte. Vor allem Jerusalem, Regierungssitz und Hauptstadt des Staates Israel, war durch seine Bedeutung für die Weltreligionen Islam, Christentum und Judentum über Jahrtausende Zielpunkt von Einwanderern, Besatzern, Besuchern und Kaufleuten aus allen Ländern dieser Welt. Missionäre und Pilgerer, Armeen und Händler – sie alle kamen nicht immer mit guten Absichten, aber hungrig und mit Rezepten im Gepäck.

Die Geschichte des Landes, das sich heute Israel nennt, allumfassend darzustellen, dafür ist ein Kochbuch über die israelische Küche sicherlich nicht der richtige Ort. Dennoch ist vor allem die jüngere Geschichte des Landes hilfreich, um die israelische Küche, wie sie sich heute darstellt, einzuordnen und zu verstehen.

Israel als Staatengebilde ist ein junges Land. Selbst das moderne Hebräisch, Ivrit genannt, wurde von den Zionisten Ende des 19. Jahrhunderts als Muttersprache wieder belebt, nachdem es rund 1700 Jahre nur als Zweit- oder Drittsprache gesprochen wurde. Besonders gläubige Juden, die ihr Leben dem Studium der heiligen Schriften widmeten, bewahrten die Sprache.

Als Literatur- und Sakralsprache konnte sich Hebräisch in der Diaspora, den jüdischen Gemeinden außerhalb des Landes, halten und sich zu Aschkenasisch (Mittel- und Osteuropa), Sephardisch (West- und Südeuropa) und Jemenitisch (Vorderasien) weiterentwickeln. Heute ist Hebräisch neben Arabisch Amtssprache des Landes. Die Aschkenasen sprechen zum Teil auch heute noch Jiddisch, die Sprache, aus der das Deutsche Lehnwörter wie Bohei machen, dufte oder tofte, mauscheln und meschugge, Schickse, Schnorrer, Stuss und Tinnef übernommen hat. Und wer sich schon mal über den Wunsch „Hals- und Beinbruch" gewundert hat: Das heißt eigentlich „hazlacha uwracha" (Erfolg und Segen) und klingt wie „hazloche und broche". Aber das nur nebenbei.

Die Geschichte des Staates Israel im Schnelldurchlauf

Römer, Araber, Kreuzfahrer, Mamluken und Osmanen – sie alle beanspruchten das Land nacheinander für sich. Die jüdische Bevölkerung floh in alle Himmelsrichtungen. Die Diaspora, die Zerstreuung des Volkes, begann bereits vor zweitausend Jahren. Egal, ob es die Menschen in den Norden, Süden oder Westen trieb, immer blieb der Wunsch, das Land der Vorfahren zurück zu bekommen. Nach und nach nahmen immer mehr der „Verstreuten" den Weg zurück in „ihr Land" auf sich und kehrten – nicht zuletzt getrieben vom Antisemitismus Ende des 19. Jahrhunderts – nach Israel zurück.

1922 war es dann soweit: Israel wurde als Staat völkerrechtlich anerkannt. In jenem Jahr nach Ende des Ersten Weltkriegs übertrug der Völkerbund Großbritannien das Mandat für Palästina und das Gebiet, das heute von Israel und Jordanien beansprucht wird. 1947 beschloss die UNO die Teilung Palästinas. Ziel war es, einen jüdischen und einen arabischen Staat entstehen zu lassen. 1948 erklärte sich der Staat Israel als unabhängig und das Mandat der Briten für Palästina endete. Bis heute ist der Prozess um die Verteilung des Landes noch nicht abgeschlossen.

Mehrere Einwanderungswellen folgten auf die Gründung des Staates Israel. Allein 1949 kamen fast 240.000 Einwanderer aus Deutschland und Polen, darunter Überlebende des Holocausts, aber auch aus arabischen Ländern wie Nordafrika oder dem Jemen.

Die Fleischversorgung in den Jahren nach dem Zweiten Weltkrieg war knapp. Um dennoch mit Genuss satt zu werden, wurde viel mit Gemüse, Kräutern und Früchten experimentiert. Die Folge: Die traditionell eher fleischhaltige jüdische Küche bekam neuen Schwung durch die vegetarischen Variationen.

Schon hier zeigt sich die israelische Küche höchst abwechslungsreich, obwohl sie noch immer keine eigenständige Küche ist, wie man sie aus anderen Regionen der Welt kennt. Dabei lässt sich nicht verschweigen, dass Israel, betrachtet man die geografischen Regionen einzeln, jede für sich genommen eine vielfältige kulinarische Geschichte vorweisen kann. Hinzu kommt: Auch schon vor Jahrtausenden hinterließen Händler und Pilger ihre Spuren und zum Teil auch ihre Rezepte.

Aus aller Herren Länder

Israel ist der einzige Staat der Welt, in dem Juden eine Bevölkerungsmehrheit bilden. Das heißt in Zahlen: von den 8.680.000 Menschen, die in Israel leben, sind etwa 6.500.000 Juden und 1.800.000 Araber (Quelle: Israelisches Zentralbüro für Statistik, Stand 2017).

Moment mal, das Judentum ist doch eine Religion und die Bezeichnung „Araber" meint in der Regel einen arabisch sprechenden Menschen, der aus unterschiedlichen Ländern stammen kann, in erster Linie natürlich aus einem der 22 arabischen Länder. Die Unterteilung in „Juden" und „Araber" ist also ein bisschen Äpfel und Birnen vergleichen. Denn zu den Arabern gehören nicht zwangsläufig nur Muslime. Ein Araber kann durchaus auch Christ sein oder den Drusen angehören. Ebenfalls in Israel leben rund 390.000 Menschen, die weder jüdisch sind, noch dem arabischen Kulturkreis angehören. Darunter ist zum Beispiel eine kleine Minderheit europäischer Christen, in den meisten Fällen aus Russland, der Ukraine oder Polen eingewandert. Seit Jahrzehnten leben in Israel auch einige tausend Gastarbeiter aus dem asiatischen Raum und Geflüchtete aus Afrika.

Vier von hundert Israelis sind nichtjüdische Einwanderer. Sie gehören beispielsweise der Religion der Bahai an. Und dann gibt es dort auch noch kleine Religionsgruppen wie die Alawiten, die Ahmadiyya, die Samaritaner, von denen es heute etwa 700 in Israel gibt, und die Tscherkessen, die als Vertriebene aus dem Kaukasus kamen, und so fort.

Kurz gesagt: Neben der überwältigenden jüdischen Gemeinde tummeln sich in Israel viele Menschen aus dem islamischen Kulturkreis und eine bunte Vielfalt anderer ethnischer Bevölkerungsgruppen und Minderheiten.

Und auch die jüdische Gemeinde ist alles andere als homogen. Es gibt darin reformierte und ultra-orthodoxe Strömungen, die sich in den letzten 3000 Jahren herausbildeten.

Zudem lebten viele der israelischen Familien noch vor zwei, drei Generationen in der Welt verstreut. Laut israelischem Einwanderungsgesetz hat jeder ein Rückkehrrecht ins Heilige Land, der mindestens einen jüdischen Elternteil hat. Das macht Israel zu einem Einwandererland aus mehr als 80 Nationen. Und viele der jüdischen Immigranten, die heute wieder in Israel leben, haben während der zum Teil mehr als 1000 Jahren in der Diaspora die Kultur dieser Länder gelebt und mit zurück in den israelischen Staat gebracht. Das zeigt sich natürlich auch in der Küche und bei den Gerichten, die auf den Tisch kommen.

Wie gesagt: Um die israelische Küche zu verstehen, ist der Rückblick auf die einzigartige Geschichte dieses jungen Landes mit seiner tausende Jahre alten Kultur und ihren Traditionen notwendig.

Wie heißt das auf dem Teller?

Das Leben in Ländern mit anderer Sprache über Jahrzehnte, manchmal sogar Jahrhunderte, hat eine verwirrende Folge für jemanden wie mich, der von außen kommt. Denn: Oftmals tragen Gerichte unterschiedliche Namen wie der jüdische Schabbat-Eintopf, der mal Tschulent/Tscholent, mal Chamin heißen kann. Hinzu kommt das Übersetzer-Problem, hebräisch oder arabisch geschriebene Worte in unsere lateinische Schrift zu übertragen. Tahin, Tahine, Tchina oder Tahina? Za'atar oder Zatar? Hier den Anspruch zu erheben, eine allgemein gültige und absolut richtige Form der Übersetzung und Benennung zu finden, geht sicherlich am Thema vorbei und ich hoffe auf das Verständnis der hebräisch- und arabischkundigen Menschen, die vielleicht eine andere Schreibweise gewählt hätten.

Nach Art des Hauses

Woher stammen also die Gerichte, die sich heutzutage in der israelischen Küche tummeln? Zum Beispiel von den orientalischen Juden, den Sepharden, die aus Spanien, Italien, Griechenland, der Türkei und einigen Ländern des arabischen Kulturkreises zurück nach Israel kamen. Sie haben ihre ganz eigene Art zu kochen und Traditionen, die Gerichte mit einem bestimmten Anlass verbinden. So wie es hierzulande freitags gerne Fisch auf dem Teller gibt, Grüne Soße mit harten Eiern in der Osterzeit oder Raclette an Silvester. Alle Gruppen der jüdischen Gemeinschaft, ob aus Marokko, Libyen, Tunesien, dem Jemen oder dem Irak, oder auch die im Land geborenen „Sabra", haben ihre spezifischen Gerichte. Vor allem für die Feiertage.

Die verschiedenen Herkunftsländer, die ganz eigene Art Zutaten zuzubereiten, zu kombinieren und zu servieren, das alles sorgt in Israel für einen einzigartigen kulinarischen Austausch. „Was der Bauer nicht kennt, das frisst er nicht", dieses Sprichwort ist hier völlig fehl am Platz. Es fällt schwer, sich der Vielfalt zu enthalten, denn jedes Mosaiksteinchen aus Herkunft, Vorlieben und Religion hat seinen ganz eigenen Charme. So liebt die aschkenasische Küche vor allem den Hefeteig. Für die sephardisch-orientalische Küche ist dagegen die Kombination von Fleisch und getrockneten Früchten besonders typisch.

Sinnbildlich für diese Varianz steht der israelische oder arabische Salat – je nach Perspektive ist dasselbe und doch nicht das gleiche gemeint. Oftmals ist es ein Salat aus gehackten Gurken und Tomaten, er kann aber auch aus verschiedenem Gemüse zubereitet werden, das man gerade im Haus hat. Zum Beispiel werden Salatgurken, Tomaten, Paprika und Zwiebeln, gerne auch Avocados oder Äpfel, klein geschnitten, vermischt und mit Salz und Pfeffer, Öl, Zitronensaft und Petersilie vermengt, garniert mit Minze.

Typisch für Israel wie auch typisch für die Küche des Nahen Ostens ist die Verbindung verschiedenster Aromen zu einem neuen Geschmackserlebnis, das mehr ist als die Einzelschichten seiner Komponenten. Hier zeigen sich die Verbindung und die Gemeinsamkeiten der lokalen Küche zu den Nachbarländern.

Es heißt: „Jedes Gericht ist ein Spiegel und ein Fenster". Ein Spiegel, weil sich in ihm zeigt, was dem Koch wichtig ist. Ein Rezept kann Tradition und Innovation zugleich sein. Zugleich ist jedes Essen ein Fenster zu anderen Kulturen und ein überaus diplomatischer Botschafter. Alle an einen Tisch zu holen und im wahrsten Sinne des Wortes das Brot gemeinsam zu teilen – das ist der Inbegriff menschlicher Sozialisation.

Die Israelis teilen eine gemeinsame Küche, die es in dieser Art und Vielfalt vor 60 Jahren noch nicht gab. Das macht das Land zu einer Goldgräberstadt, einem Eldorado für gutes Essen.

Mit Omas Kochbuch im Gepäck

Mehrere Einwanderungswellen (hebräisch: Alija, Mehrzahl Alijot) seit Ende des 19. Jahrhunderts brachten zunächst chassidische Juden aus Osteuropa. Unter den rund 30.000 Juden der ersten Alija waren gerade mal etwa 5000 jemenitische und je etwa 1000 Juden aus Usbekistan und dem Irak. Das mediterrane Klima hatte sehr wenig gemein mit dem, was die chassidischen Juden aus Polen oder Russland kannten. So zeigte sich die oft schwere Schtetl-Küche Osteuropas mit ihrem Klassiker, den Gefilte Fisch, als zuweilen schwer verdaulich. Was in den bewaldeten Bergen Polens ein heimeliges, wärmendes Mahl, wurde unter der Sonne Israels zum Stein im Magen.

Dagegen war die Vorstellung, rohes Gemüse zu essen, den Osteuropäern völlig fremd. Erst der Kontakt zu jemenitischen Juden überzeugte sie davon, Salat zu essen oder rohe Gemüse wie Paprika oder Zucchini.

Es heißt, vor allem die Aubergine war den Europäern nicht geheuer. Sie glaubten sogar, diese „seltsamen Äpfel" wären in der Lage, Geisteskrankheiten hervorzurufen. Frühere Sorten schmecken zudem nicht sonderlich gut, da sie sehr viele Bitterstoffe enthielten. Die heutigen, milden Züchtungen sind aber auf fast jedem Tisch Israels und bei fast jeder Mahlzeit zu finden und werden auf den Märkten in unzähligen Formen, Größen und Farben angeboten.

Auch mit der zweiten und dritten Einwanderungswelle zwischen 1904 und 1923 kamen zehntausende Juden aus Osteuropa. Nach und nach entstand eine neue Gesellschaft. Einwanderer aus komplett unterschiedlichen Kulturkreisen kamen nach Israel: die aschkenasischen Juden aus den USA, die Sepharden aus Nord- und West-Europa und die Mizrahim aus arabischen, asiatischen, südeuropäischen und afrikanischen Ländern. Juden aus Argentinien und Südindien, russische Nonnen und griechisch-orthodoxe Mönche, christliche Araber, nicht orthodoxe Juden aus Frankreich und England – es ist unmöglich alle Kombinationen aus Religionen, Kulturen und Nationen aufzuzählen, die sich in Israel eingefunden haben.

Aus fast jeder Ecke der Welt strömten sie herbei in ihre neue, alte Heimat und servierten das, was sie in der Diaspora an traditionellen Gerichten beibehalten hatten, weiterentwickelt hatten oder von dort mitbrachten. Das Ergebnis ist eine Küche mit dem Leckersten aus ganz Europa und der Welt. Von französisch bis jemenitisch, von argentinisch bis ungarisch, immer lokal angepasst mit dem Einfluss klassischer orientalischer Spezialitäten. Falafel und Schnitzel, Hummus und Gulasch.

Kochen in Eretz Israel

Zweifellos war die Gründung des Staates Israel der Startschuss für die Entwicklung einer neuen israelischen Küche. Eine Pionierin, die versuchte, der israelischen Küche eine Identität zu geben, war Erna Meyer, eine deutsche Jüdin, promovierte Hauswirtschaftslehrerin und Architektin. Sie kam in den dreißiger Jahren des vergangenen Jahrhunderts nach Palästina und schrieb das 1936 auf Hebräisch, Englisch und Deutsch erschienene Buch „Wie kocht man in Eretz Israel?". „Eretz Israel" heißt nichts anderes als „das Land Israel" und ist die traditionelle hebräische Bezeichnung für das Land, das in der Bibel das Land Kanaan war.

Erna Meyer hatte bereits 1926 in Deutschland einen Bestseller gelandet mit einem Ratgeber über moderne Haushaltsführung. Ihr Buch über die israelische Küche befasste sich zum einen mit leckeren Rezepten, zum andern aber auch damit, wie regionale Produkte verarbeitet werden können. Ihr Ziel war es, die verschiedenen Landesküchen und regionalen Produkte zu fusionieren.

Einen gesundheitlichen Ansatz mit einer eher mediterranen jüdischen Küche, die auf vitaminreiche Zutaten und fettarme Zubereitung setzte, fand die Autorin Lilian Cornfeld etwa zehn Jahre später. Die Lehrerin, gebürtig aus Kanada, emigrierte wie auch schon Erna Meyer nach Palästina. Ihr ökotrophologisches Fachwissen war schnell als Ernährungsexpertin in Zeitungskolumnen und Radiosendungen gefragt. 1948 erschien ihr Kochbuch „Ani mevascelet" („Ich koche") und später weitere Kochbücher, die ihr den Beinamen „Mother of Israeli Cuisine" gaben.

Als Folge der beiden Weltkriege und der Schwierigkeiten eines neu gegründeten Staates hatten die Neubürger mit vielen Entbehrungen zu kämpfen. In den 1960er und 1970er Jahren hatte sich die wirtschaftliche Situation glücklicherweise so weit stabilisiert, dass sich eine eigene israelische Küche entwickeln konnte, in der nicht nur Schmalhans Küchenmeister war. Mittlerweile gehört Israel zu den Ländern mit einem der höchsten Lebensstandards im Nahen Osten und Asien.

Der Koch Uri Guttmann und seine Mitstreiter waren es, die der israelischen Küche einen Neuanstrich verpassten. Guttmann durfte für Israel bei internationalen Kochwettbewerben antreten und entwickelte neue Rezepte, die biblisch inspiriert waren. Zutaten, die bereits in der Bibel erwähnt wurden, wie Honigfeigen und Granatäpfel, wurden mit einheimischen Produkten kombiniert wie Kichererbsen, Kaktusfeigen, Avocados, Mangos, Zitrusfrüchten oder Milchprodukten. Uri Guttmann wurde schließlich zum Ehrenmitglied der Israel Chef Association ernannt, dem israelischen Landesverband der „World Association of Chefs Societies", kurz Worldchefs. Die Worldchefs haben es sich als Verband zur Aufgabe gemacht, die kulinarischen Standards globaler Küche zu erhalten und zu verbessern.

In den 1980er Jahren schließlich war die israelische Fusionsküche endgültig nicht mehr aufzuhalten und kulinarische Traditionen der Ur- und Großeltern konnten mit dem nötigen Abstand innovativ in die aktuelle, israelische Welt getragen werden. Eine Revolution der Esskultur, in der die traditionelle Küche der Vorfahren, mitgebracht aus der Diaspora, mit neuen kulinarischen Trends und auch Kochmethoden zusammenspielt. Die Vielfalt Israels an Obst und Gemüse brachte zahlreiche neue Kombinationen hervor, vor allem mit Olivenöl als Hauptzutat.

Die mediterrane Spielart der israelischen Küche verwendet oftmals einheimischen Fisch, der gerne auf typische Art zubereitet wird, auf dem Holzkohlegrill oder im traditionellen Tabun-Ofen gebacken. Auch die palästinensische Küche fand ihre Liebhaber, nicht zuletzt durch die direkte Nachbarschaft, wie sie zum Beispiel in Tel Aviv und Jaffa gelebt wird.

Natürlich steht auch die israelische Küche nicht still und die Trends weisen wie auch in Deutschland in Richtung vegetarische und vegane Küche. Naturbelassene Zutaten und regionale Produkte – zurück zu dem, was man hat und was gut tut. Da die israelischen Produkte so gut wie gar nicht industriell hergestellt werden, sondern bis auf wenige Ausnahmen von Hand und in kleinen Manufakturen verarbeitet werden, erfüllen sie viele der Ansprüche, die an Bio-Produkte gestellt werden.

Wer hat's erfunden?

Israel ist ein Land mit Einheimischen unterschiedlichster Herkunft, die eine Küche hervorgebracht haben, die einerseits unverwechselbar regional geprägt ist und andererseits eine Geschichte hat, die in den Küchen jenseits der Grenzen Israels ihren Anfang nahm. Das Ergebnis ist eine sehr lebendige Gastro-Szene und ein Hotspot für Gourmets. Etwas Ähnliches habe ich bisher nur in der kalifornischen Küche und in New York erlebt.

Apropos New York. Für viele scheint der Bagel eine Erfindung des Big Apple. Tatsächlich aber wurde der belegte „Beigel" aber schon vor mehr als 400 Jahren von jüdischen Bäckern in Mittel- und Osteuropa gebacken und verkauft. Und wieder waren es Immigranten, die eine Köstlichkeit im Gepäck hatten und ihr globale Berühmtheit verschafften.

Anders als beim Bagel ist der Ursprung vieler anderer Gerichte mehr als strittig. Es liegt bei weitem nicht in meiner Macht, darüber zu entscheiden, wer welches Gericht zuerst erfunden haben könnte. Es ist wie so oft in der Geschichte von Spezialitäten. Irgendjemand hat es erfunden, irgendjemand hat es weiterentwickelt, irgendwer hat es so oft, gern und gut gekocht, dass es bei vielen Leuten auf den Tisch landete und sich zu einer Spezialität einer kulturellen Gruppe entwickelte. So wie das Rezept für Omas fluffige Sandwaffeln auch bei Tante Erna und deren Schwester Helga in Schönschrift abgeschrieben im Rezeptbuch liegt.

Und manchmal führt die Quelle einer Spezialität nicht nur zurück zur Oma, sondern eben in andere Länder, zu anderen Kulturen, durch andere Speisekammern.

Gutes Essen ist grenzenlos

So beansprucht zum Beispiel neben Israel auch der Libanon die Erfindung von Falafel und Tabule (ein Petersiliensalat mit Minze, Tomaten und Bulgur) für sich. Welches Volk zuerst das Rezept perfektionierte, darüber lässt sich so vortrefflich unterschiedlicher Meinung sein, wie über die Frage, wer das beste Hummus zubereitet. Apropos Hummus. Selbst die bevorzugte Konsistenz und die Temperatur sowie zusätzliche Zutaten variieren stark von Koch zu Köchin. Über Geschmack lässt sich wie immer streiten.

Eine der Herkunftsgeschichten, die sich um die Falafel rankt, berichtet davon, dass koptische Christen Ägyptens sie als fleischloses Gericht während der Fastenzeit aßen. Möglicherweise existierten schon vor etwa 4000 Jahren Kichererbsenbällchen.

Eine Erfindung jemenitischer Juden in Israel ist es aber wohl, die Falafel in einem Pita-Brot zusammen mit Tomaten, Gurken, grünem Salat und einer Joghurtsoße zu servieren und dadurch einen neuen Geschäftszweig zu gründen. Mittlerweile ist die Falafel das Nationalgericht Israels und wird gerne unterwegs in einer Pita mit Salat gegessen oder als Hauptgericht mit Tabule, Tahina und Hummus.

Hummus, die Paste aus Kichererbsen und Sesam, stammt übrigens vermutlich von den Arabern aus den Anrainergebieten des östlichen Mittelmeers. Sagen die, die von dort kommen. Die anderen sehen die Herkunft dieses Allrounders, der eigentlich immer und zu allem schmeckt, lieber in ihrer Heimat.

Apropos: Beim Handkäs ist das ähnlich, aber hessischen Handkäs kann es nur einmal geben.

Selbst die Aubergine, gegrillt, mit Olivenöl beträufelt und Tahina serviert, war bereits Streitpunkt. Als köstliches Baba Ghanoush zubereitet hat sie ihren Weg auf israelische Tische gefunden und wurde zum Mittelpunkt eines Streits zwischen jüdischen und arabischen Chefköchen. So wird einem an und für sich einfachen Gericht eine kulturelle, historische und sogar politische Bedeutung beigemessen. Ob aber nun Großsyrien, Türkei, Indien oder Afrika – wer kann das schon so genau sagen. Und: Muss man das überhaupt? Tatsache ist, dass Köstlichkeiten wie Baba Ghanoush, Falafel oder Hummus die Gaumen unabhängig von Nationalität, Religion und Herkunft begeistern. Letztlich zählt genau das: der Genuss, der Geschmack, der Spaß am Essen.

Die größte Gruppe im heutigen Judentum sind die Aschkenasim, Nachfahren von aus Mittel-, Nord- und Osteuropa stammenden Juden. Ihre Mitbringsel aus den osteuropäischen „Schtetls" und der dortigen Küche sind die Gefilte Fisch, Gekochtes Huhn, Gelbe Rüben, gehackte Leber, Rote-Bete-Suppe (Borschtsch), das ungarische Gulasch, ukrainische Wareniki und russische Piroggi, leckere gebratene oder gebackene Teigwaren mit pikanter Füllung.

Jedes noch so einfache Rezept hat seine eigene Geschichte, die je nachdem, wen man fragt, einen anderen Ursprung hat. Wahrscheinlich wird das nirgendwo so deutlich wie in Israel.

Der Streit darüber, wer welches Gericht zuerst erfand, wer es perfektionierte und wer es zu dem machte, was es heute ist, ist müßig und sollte einem nicht den Genuss verderben. Gleichsam ist der Streit darüber wie ein Mikrokosmos, der die politischen Streitpunkte des Landes widerspiegelt.

Ich bin Koch, kein Politiker, deshalb ist für mich klar: Gutes Essen gehört niemandem und fragt nicht nach deiner Religion. Und gutes Essen hat das Zeug dazu, Menschen an einem Tisch zusammenzubringen.

Hat Essen eine Konfession?

Frieden am Tisch und im Gotteshaus

In vielen Ländern, aber vor allem in Israel, hat das Essen allerdings eine religiöse Dimension. In den drei Weltreligionen, die ihren Ursprung und ihre Entwicklung auf diesem Terrain fanden, gibt es jeweils zwei Zentren des gemeinsamen Lebens. Zum einen die Kirche, Moschee oder Synagoge für die geistige Nahrung und das Seelenheil und zum andern den Esstisch, wo man Körper und Stimmung etwas Gutes tut und die Gesellschaft pflegt. Das Gotteshaus und der heimische Esstisch sind die Orte, an denen die Menschen Sicherheit, Freiheit und Frieden spüren können.

In einem Land, in dem große Teile der Bevölkerung eine mehr als traurige Vergangenheit bewältigen mussten und in dem nicht beigelegte Konflikte immer wieder tiefe Wunden reißen, ist es der MOMENT, das Heute und somit der Genuss des Augenblicks, der das Lebensgefühl bestimmt. Ein trauriges Gestern, ein ungewisses Morgen – lasst uns das Heute feiern!

Das kommt mir koscher vor!

Fragt der katholische Pfarrer den Rabbi: „Wann wirst Du endlich Schweinefleisch essen?"
Sagt der Rabbi: „Auf ihrer Hochzeit, Hochwürden!"

Egal ob Gulasch oder Bulgur-Klößchen, wer nach jüdischem Glauben sein Leben ausrichtet und sich an die religiösen Vorschriften halten will, muss die Kaschrut einhalten, die vorgeschriebene jüdische Art und Weise der Speisezubereitung.

Koscher, also erlaubt, ist demnach nur, was nach den Regeln der Kaschrut, vor Jahrtausenden festgeschrieben in der Tora, entstanden ist. Auch im Islam gibt es solche Regeln. Muslimische und jüdische Vorschriften sind ähnlich, aber nicht identisch. Diese religiösen Vorschriften bestimmen genau, welche Speisen wie zubereitet, aufgetischt und gegessen werden dürfen.

Die jüdischen Speisegesetze unterteilen das Speisenangebot in koscher (erlaubt), treife (unrein) und parve (neutral). Als parve gelten Lebensmittel, die weder fleisch- noch milchlastig sind. Also Obst, Gemüse und alle Getreidesorten. Eier und Honig sind ebenfalls erlaubte Zutaten.

Und jetzt wird es kompliziert: Aus dem Meer darf nur verspeist werden, was Flossen und zugleich Schuppen hat. Das schließt Krebstiere aus und auch Fische wie den Aal oder den Wels freut's.

Unter anderem hier unterscheiden sich die jüdischen Speisegesetze von den islamischen. Beide Religionen untersagen das Essen von Schweinefleisch, aber selbst gläubige Muslime dürfen Meeresfrüchte essen.

In Israel wird viel und gern Fisch gegessen. Vor allem in der Gegend von Tiberias, Tel Aviv, Jaffa und Elat. Wer allerdings ein Fischrestaurant am Toten Meer aufsucht, der kann sich sicher sein, dass der Fisch dort mit Sicherheit nicht aus dem Toten Meer stammt.

Shrimp und Schwein, das lass sein

Die Kaschrut ist ein kompliziertes Regelwerk. Alle Regeln aufzuzählen, würde jeden Rahmen sprengen. Einige grundlegende Vorgaben haben mich nach meinen Gesprächen mit israelischen Köchen ziemlich beschäftigt.

Hühnchen und Putenfleisch sind erlaubt. Vierbeinige Landtiere müssen wie Schafe und Rind gespaltene Hufe haben, sie müssen Wiederkäuer und komplett gesund gewesen sein. Ob Geflügel, Rind oder Lamm: Alle Tiere müssen von einem Fachmann geschächtet werden. Für die Herstellung von koscheren Produkten heißt es aber auch, dass alle, die mit dem Produkt zu tun haben, nicht nur jüdisch sein müssen, sondern auch ihren Glauben leben, beispielsweise indem sie die Schabbatruhe einhalten.

Als wäre das noch nicht kompliziert genug, beinhaltet die Kaschrut weitere Vorschriften, die vor allem beim Kochen neue Wege erfordern. Zum Beispiel die Trennung von Milch- und Fleischprodukten auch während des Kochens und Essens. Fleisch und Milch dürfen nicht zusammen gegessen, nicht zusammen gekocht und nicht zusammen aufbewahrt werden.

Ein Stück Käse auf ein noch so sauberes Schneidebrett legen, auf denen schon mal ein Filet lag? Niemals. Ein Butterbrot mit Schinken? Undenkbar. Sogar in den Filialen der globalen Fast-Food-Ketten erhält man den Cheeseburger nur auf Nachfrage. Und dann auch oftmals in einem eigenen Bereich des Restaurants, denn die Vorschrift, Fleisch und Milch zu trennen, erstreckt sich sogar auf das gemeinsame Essen an einem Tisch.

Diese Trennung macht es interessant für mich als Koch, denn die Verbote erfordern eine andere Art zu kochen – sofern das Gericht koscher sein soll. Ein interessantes Erlebnis war es für mich auf jeden Fall, als ich in Jerusalem dem Küchenchef eines koscheren Restaurants über die Schultern schauen durfte. Es erfordert tatsächlich eine gute Organisation, die Zubereitung strikt zu trennen, denn zum Kochen von Fleisch und Milch wird ein eigener Satz von Kochgeschirr und Utensilien verwendet. Sogar abgespült wird alles getrennt voneinander.

Wie gut für alle, die gern essen, dass jüdisches Essen auch lecker schmeckt, wenn der Koch, die Köchin nicht jeder dieser Regeln folgt.

Es lohnt aber auch durchaus, israelische Gerichte zu probieren, die keinen jüdischen Ursprung haben. Man erkennt sie beispielsweise daran, dass Fleisch und Joghurt darin zu finden sind, oftmals kombiniert mit Ptitim, den reisähnlichen Nudeln, die auch Ben-Gurion-Reis genannt werden.

Es geht auch anders

Zunächst waren die Speisegesetze der gemeinsame kulinarische Nenner der Einwanderer und der wenigen Alteingesessenen – wobei die Auslegung, wie ernst diese Regeln befolgt werden sollen, sehr unterschiedlich aufgefasst wurden und werden.

Ob koscher oder halal – die Vorschriften sind den schwierigen medizinischen und hygienischen Verhältnissen geschuldet, die im Nahen Osten vor mehreren 1000 Jahren herrschten, also zu der Zeit, als sich Judentum und Islam als Religionen festigten. Viele der Vorschriften dienten also der Sauberkeit und Gesundheit.

Die Zeiten ändern sich und ich habe selbst festgestellt: Für einen großen Teil der jüdischen Bevölkerung ist es nicht wichtig, ob ihre Mahlzeiten koscher sind und auch die arabische Bevölkerung, die ja gut ein Fünftel der Einwohner Israels ausmacht, folgt in großen Teilen nicht den muslimischen Speisegesetzen.

Entsprechend finden sich selbst in einer Großstadt wie Tel Aviv kaum koschere Restaurants. Nun hat Tel Aviv sowieso eine Sonderstellung, denn anders als viele andere Metropolen der modernen Welt gab es diese Stadt noch vor etwas mehr als 100 Jahren noch gar nicht. Erst 1909 wurde die Stadt von jüdischen Einwanderern auf einem sandigen Hügel bei Jaffa gegründet. Jaffa dagegen ist ein seit der Antike wichtiges Handelszentrum und der Hafen der Stadt verbindet das Land mit seinen Handelspartnern. Tel Aviv kann ohne Umschweife als kulinarische Weltstadt durchgehen. Eine vergleichbare Vielfalt verschiedener Einflüsse findet sich sonst nur an den Hot Spots der globalen Küche wie New York City.

Dennoch tragen Lebensmittel, die man in israelischen Geschäften kaufen kann, oft „Koscher"-Stempel, als Hinweis darauf, dass bei ihrer Produktion die jüdischen Speisegesetze eingehalten wurden.

Auch wenn sich geschmacklich ein Eintopf mit koscheren Lebensmitteln natürlich überhaupt nicht von einem „treifen Eintopf" mit Zutaten ohne Stempel unterscheiden lässt, werden koschere Lebensmittel aufgrund der ihnen nachgesagten besseren Qualität auch von Israelis bevorzugt, denen der religiöse Aspekt nicht wichtig ist.

Bei meinen Reisen durch Israel hatte ich den Eindruck, dass koschere Lebensmittel eine Art „Bio-Siegel" zu tragen scheinen, das vor allem bei den gesundheitsbewussten Israelis großen Zuspruch findet. Es ist ja nicht nur so, dass ein Rabbiner die Herstellung beaufsichtigt hat, sondern die Lebensmittel werden insgesamt achtsamer produziert, stammen zum Beispiel aus kleinen Manufakturen oder Kibbuzim, die sich dem ökologischen Landbau verschrieben haben.

Gutes für jeden Tag

Unser tägliches Brot gib uns heute

Vieles von dem, was schon im 5. Buch Mose als Grundnahrungsmittel des Volkes aufgezählt wird, das seinerzeit in Kanaan und Judäa lebte, ist es auch heute noch. Die biblischen Früchte und Getreide der „Sieben Arten" – Gerste, Weizen, Feigen, Datteln, Granatäpfel, Oliven und Trauben – sind auf fast jeder der einheimischen Speisekarten vertreten. Der Anbau der „Sieben Arten" und auch der Export sind wichtige Komponenten der regionalen Wirtschaft.

Apropos Feige: So wie man als Deutscher im Ausland den Beinamen eines „Krauts" bekommt, wird in der Umgangssprache Israels ein in Palästina geborener Jude als Sabra (Tzabar) bezeichnet, übersetzt: Kaktusfeige.

Viele biblische Speisen haben ihre Bedeutung bis heute erhalten. Am deutlichsten wird das bei dem, was zu jeder Zeit, in jedem Land, bei Arm und Reich auf den Tisch kommt: dem Brot.

Zwar bringt es Israel nicht wie Deutschland auf mehr als 300 Brotsorten, aber auch hier wird das Brot jeden Tag frisch gebacken und gehört morgens, mittags und abends auf den Tisch. Vor allem Pita-Brot-Fladen werden gerne genutzt und ersetzen nicht selten das Besteck, wenn Eintöpfe, Soßen und Pasten serviert werden.

Gebacken werden vorrangig Brotarten, die ausschließlich Weizen, Gerste, Hirse und Roggen enthalten. Es gibt sie ganz klassisch pur oder mit der typischen, olivgrünen Zatar-Mischung gewürzt. Diese Mischung wird aus den Blättern des Za'atar-Krauts (Wilder Thymian oder auch Ysop) hergestellt. Dazu kommt Sumach, ein Gewürz aus den gemahlenen, tiefroten Beeren des Färberbaums, Salz, gerösteter Sesam und Thymian. Natürlich gibt es auch hier wieder zahlreiche Varianten, bei denen beispielsweise der Wilde Thymian mit Oregano ersetzt wird. Zatar wird vor dem Backen mit Öl auf das Brot gestrichen. Es ist aber auch durchaus üblich und geschmacklich eine Offenbarung, ein Stück frisches Pita-Brot in eine Tunke aus gutem, mildem Olivenöl, Zatar und Salz einzutauchen.

Die Bandbreite an Brotsorten und ihren Geschwistern hat für jeden Geschmack etwas. Wer mag, genießt das frittierte Mallawah-Brot der Jemeniten oder leichte Lahuh-Pfannkuchen. Was in Deutschland das Sonntagmorgen-Brötchen ist für manche Juden Jahnoon: ein strudelähnliches Brot mit viel Fett, das aus dem gleichen Teig wie das Mallawah-Brot hergestellt wird.

Es wird für den Schabbatmorgen über Nacht gebacken und mit einem Püree aus Tomaten (Resek agvaniyot), einem gekochten Ei und S'chug serviert, einer jemenitischen Paste aus Chilischoten und Koriander, die je nach Rezept rot, grün oder braun ist, aber immer feurig-scharf und lecker. Was selten auf dem Tisch fehlt, ist Hummus. Das Kichererbsenmus, das längst auch den Weg in deutsche Kühlschränke gefunden hat, wird in der israelischen Variante zumeist mit Kräutern, Sesam und Öl zubereitet.

In dem Land, in dem laut biblischer Überlieferung Milch und Honig fließen (was wohl dem Umstand geschuldet ist, dass in früheren Zeiten das Wasser zum einem rar und zum anderen oftmals verunreinigt war) gehören auch heute noch Milchprodukte auf den Tisch. Häufig wird Ziegenmilch verwendet, aber auch Schafsmilch und Kuhmilch. Die Käsesorten, die in Israel zu finden sind, reichen von Hartkäse nach Schweizer Art über Camembert nach französischem Rezept bis hin zu holländischem Käse, Quark und Joghurt. Besonders beliebt ist ein säuerlicher Weichkäse aus entwässertem Joghurt, der Labaneh.

Hinzu kommt eine große Liebe zu milchhaltigen Desserts als Milchreis oder Milchpudding (Muhallabieh oder auch Malabi) und süßen Getränken mit Milch in vielerlei Variationen, zum Beispiel mit Tamarinde, Süßholz, Ingwer, Zimt, Walnüsse oder Kokosraspeln.

Besondere Tage erfordern besonders gutes Essen

Nicht nur zum Schabbat, dem wöchentlichen Ruhetag, hat das Essen eine hervorgehobene Rolle im Judentum. Man kann sogar sagen, dass sich der Tagesablauf an den Festtagen an den oftmals rituellen Mahlzeiten orientiert.

Nicht nur die sehr gläubigen Juden haben ihre Rituale und auch speziellen Gerichte für den „Schabbes". Ein traditionelles Schabbat-Gericht ist beispielsweise der Chamin, der im Jiddischen Tscholent oder Tschulent heißt. Je nach Tradition und Herkunft wird der Schmortopf aus Bohnen und Kartoffeln mit Fleisch vom Rind, Lamm oder Huhn zubereitet. Der Tscholent-Eintopf ist besonders praktisch, weil er freitags zubereitet werden kann und über Nacht bis Samstagmittag bei sehr schwacher Hitze fertig gart, ohne dass am Samstag für ein warmes Mittagessen der Ofen angemacht werden müsste – was am Schabbat nicht erlaubt ist.

An Freitagnachmittag werden für das Mittagessen am Schabbat auch die geflochtenen Challot-Hefezöpfe zubereitet. Die Challa wird schon in der Bibel erwähnt und ist ein süßes Hefebrot, das mit Mohn oder Sesam bestreut wird. Manchmal kommt am Schabbat auch noch ein wenig Salz dazu. Je nach Feiertag variiert die Form des Brotes, die Größe und die Anzahl der Zöpfe, die geflochten werden. Als rundes Rosch-Haschana-Brot symbolisiert die Challa Glück und wird daher für das jüdische Neujahrsfest gebacken und mit Honig gesüßt.

Dazu serviert werden leichte Leckereien wie Granatäpfel, Honigkuchen, Weintrauben, Datteln und in Honig getauchte Apfelstücke. Denn schließlich wünscht man sich das neue Jahr leicht und süß.

An manchen Tagen kann man es sich vermutlich sparen, einen Blick in den Kalender zu werfen, denn auch die Feiertagsspezialitäten geben gerne Auskunft. Wenn es Sufganiot (Berliner oder in Hessen auch Krebbel genannt) und Kartoffellatkes (Kartoffelpuffer) gibt, dann ist das Lichterfest Chanukka nicht weit. Purim, ein ausgelassenes Fest, an dem lautstark und oft auch mit Masken verkleidet die Befreiung der persischen Juden gefeiert wird, ist die Zeit für Osnej Haman, auch Hamantaschen genannt. Das sind dreieckige, gefüllte Plätzchen aus Strudelteig, die mit Mohn oder Pflaumenmus gefüllt werden. Die passen hervorragend zur Stimmung an Purim, ebenso wie Nunt, das aus dunklem Honig und Nüssen gekocht wird.

Falls Sie selbst mal nach Israel kommen, erkundigen Sie sich unbedingt, ob gerade Festtagsspezialitäten auf dem Speiseplan stehen, denn was an den freudigen Festen auf den Tisch kommt, ist eigentlich zu schade, um es nur einmal im Jahr zu genießen. Zum Pesach gibt es Mazzenknejdl, Kokosmakronen, Nuss- und Mandelkuchen. Zu Shavuot gibt es köstliche Milchspeisen. Selbst an Jom Kippur, dem Versöhnungstag, wird zwar gefastet, aber auch hier gibt es traditionelle Speisen. Am Vortag dieses höchsten aller jüdischen Feiertage gehören Kreplach auf den Tisch, mit Fleisch gefüllte Teigtaschen, die als Suppeneinlage serviert werden oder auch mit Salat gegessen werden können. Zum Laubhüttenfest (Sukkot) gibt es Früchte und leichte Gerichte, zum Lichterfest (Chanukka) dagegen sehr ölhaltige Speisen als kulinarische Erinnerung an das Öl-Wunder, das diesem Fest zugrunde liegt.

Kurz: Zu fast jedem der jüdischen Feiertage gibt es ein entsprechendes Gericht. Der süße Höhepunkt des jüdischen Küchenjahres ist allerdings das Wochenfest (Schawuot), sieben Wochen und einen Tag nach Pesach. An diesem Tag, der als Erntedankfest gefeiert wird, stehen Milch und Honig auf dem Speiseplan. Besonders beliebt an diesem Tag ist ein Käsekuchen mit außerordentlich zartem Schmelz.

Essen rund um die Uhr

Der Tag startet herzhaft

Nun ja, es kann nicht immer Feiertag sein. Deswegen startet man in Israel den Tag auch gerne figurfreundlich mit dem Klassiker unter den Salaten: einer große Portion fein gewürfelter Tomaten mit frischen Gurkenstücken. Als pikantes Finish kommen noch etwas rote Zwiebeln hinzu und ein Topping aus Tahina-Soße, der Paste aus Sesamsamen, die je nach Art der Zubereitung geschält oder ungeschält fein gemahlen werden. Die Schale der Samen hat übrigens nicht nur großen Einfluss auf den Nährstoffgehalt, sondern auch auf den Geschmack. Das dunklere Tahina ist etwas bitterer, aber durch die enthaltenen Schalen gehaltvoller.

Zum ersten Kaffee des Tages – gerne auch in der starken, türkischen Variante mit Zucker – schneiden sich die Israelis frisches Obst vom Markt, servieren noch warmes Brot mit Tomatensalat oder gerösteter Aubergine, dem legendären Baba Ganousch, mit körnigem Frischkäse oder pikantem Pesto aus Koriander und Olivenöl.

Man merkt schnell: Die Israelis lieben an und für sich das herzhafte Frühstück und essen auch gerne einen Bohneneintopf oder eine Portion Schakschuka. Schakschuka, das ist ein einfaches Gericht mit scharf gewürzter Tomatensoße, in der Eier pochiert werden. Es heißt, dass es von jüdischen Einwanderern aus Tunesien mitgebracht wurde und wer es einmal probiert hat, der weiß, dass es durchaus geeignet ist, um die schlafenden Lebensgeister zu wecken und mit Schwung in den Tag zu starten. Zur Schakschuka gibt es meistens weder Löffel noch Gabel, sondern frisch gebackenes Pita-Brot, um es direkt aus der Pfanne zu wischen.

Gegessen wird immer und überall

Viel, immer und gerne – so mein Eindruck von den Mahlzeiten.
Für das Mittagsmahl nehmen sich die jüdischen Bewohner Israels am liebsten Zeit, während es einige der Araber vorziehen, das Mittagessen leicht zu halten und dafür zum Abend hin üppiger aufzutischen. Jeder wie er mag und Zeit findet. Da kann es auch mal sein, dass über Mittag zwei Stunden lang alles stillsteht. Wer abends auswärts essen geht, tut dies meist nicht vor 21, 22 Uhr.

Man trifft sich mit Freunden oder der Familie am großen Tisch. Typisch sind die Mezze, variantenreiche Vorspeisen, warm oder kalt, die ähnlich wie Tapas in unzähligen kleinen Schälchen auf den Tisch gestellt werden und von denen sich jeder bedienen kann.

„Bei Tisch wird nicht gesprochen" – dieser Satz erzeugt bei den Israelis großes Unverständnis bis hin zu Kopfschütteln. Sich bei den Mahlzeiten am Tisch zu treffen dient nicht nur der Nahrungsaufnahme, sondern auch der Kommunikation. Gegessen wird gerne ohne Messer und Gabel, entweder mit den Händen oder einem Stück frischem Brot aus dem großen Brotkorb.

Man fällt ziemlich schnell als Tourist auf, wenn man sich die Mezze durcheinander auf einen Teller schaufelt, mit dem Messer zerteilt und untereinander mischt.

Am liebsten isst man rohes oder gegartes Gemüse, das aber niemals unter dicker Soße verschwinden darf. So wird beispielsweise die Aubergine als „Königin des Gartens" auf jede erdenkliche Art und Weise zubereitet und serviert, zum Beispiel mit Sesampaste, gebraten in Scheiben, gewürfelt mit Gemüse oder mit einer Füllung aus gehackter Leber. Dazu gibt es würzige Salate wie Tabule, einen arabischen Salat mit gehackter Petersilie, Schnittlauch und Bulgur mit Olivenöl und Zitronensaft, der in unzähligen Varianten zubereitet werden kann. Und auch Hummus, etwa mit Zitronensaft, Knoblauch und Kümmel verfeinert, hat seinen festen Platz unter den Mezze.

Die inneren Werte zählen

Ob jüdisch oder muslimisch, immer gehört gefülltes oder eingelegtes Gemüse dazu. Anders als die in Deutschland gängige Variante ist israelisches „Mixed Pickles" nicht zwangsläufig mit Essig eingelegtes Gemüse, sondern zum Beispiel auch Gemüse in einer Salzlake mit Gewürzen, Zitronenschale, Chilischoten oder auch in Rote-Bete-Wasser.

Vor allem feste Gemüsesorten werden gerne mit gewürztem Reis, aromatischem Fleisch, Körnern und Kräutern gefüllt. Gemüse zu füllen, ist oftmals nicht leicht, wenn das nötige Werkzeug fehlt. In Israels Küchen gibt es zum Ausfüllen daher meist ein spezielles Werkzeug, das hilft, besonders harte Gemüse wie Möhren und besonders langes Gemüse wie Zucchini auszuhöhlen. Für die ersten Versuche genügt meistens ein Aushöhler, wie er zum Entkernen von Äpfeln eingesetzt wird. Einfacher zu füllen sind Auberginen, Kartoffeln, Rote Bete, Tomaten, Zwiebeln, Paprika, Wein- oder Kohlblätter.

Mir kam es mitunter so vor, als würde in Israel nahezu alles gefüllt und dann frittiert, gekocht oder geschmort.

Es ist wirklich ein Fest für jemanden, der gerne die unterschiedlichsten Leckereien probieren möchte, an einem Tisch zu sitzen, auf dem sich Schälchen an Schälchen die verschiedensten Mezze drängeln: Rote Bete als Relish, gefüllte Weinblätter mit Hummus, gegrillte Hühnerleber mit sauren Gurken, Zwiebelringe in Essig, Möhrensalat auf nordafrikanische Art mit Chilischoten und Schwarzkümmel, eingelegte Steckrüben und frisches Brot mit einem Dip aus S'chug, der köstlichen jemenitische Chilipaste mit Petersilie und Koriander.

Muss es schnell gehen, gibt es zum Mittag eine aromatische Suppe mit Linsen, Gemüse oder Fleisch oder leckeren Eintopf vom Vortag. Die große Vielfalt raffinierter Rezepte für die „Schmecken-am-besten-am-nächsten-Tag-Eintöpfe" ist unter anderem dadurch entstanden, dass man für den Schabbat besondere Gerichte braucht. Wer am Schabbat warm essen will, muss sich etwas Besonderes einfallen lassen, wenn er zugleich die Regel einhalten möchte, nicht zu arbeiten. Das beinhaltet nämlich auch, dass nicht gekocht, kein Herd und auch kein Licht angemacht werden darf. Die typischen Eintopf-Gerichte lassen sich mit möglichst wenig Aufwand am Vorabend vorbereiten, köcheln gerne bis zu 24 Stunden bei kleiner Flamme und können so am Schabbat warm auf dem Tisch kommen. Diese lange Garzeit sorgt mitunter dafür, dass der Eintopf kopfüber aus dem Topf gestürzt werden muss, um ihn daraus zu befreien – was manchmal dann eben doch ein bisschen in Arbeit ausartet.

Typisch für die israelische Küche sind Fleischbällchen in tausendundeiner Form von arabischen Kofta oder jüdischen Ksitsot bis hin zu Fischfrikadellen der jüdisch-syrischen Küche und gefüllte Gries- oder Bulgurklößchen (Kubbeh) aus der jüdisch-kurdischen Küche, die gerne als Suppeneinlage und mit unterschiedlicher Gemüse- oder Fleisch-Füllung gegessen werden.

Es gibt in Israel oftmals kein Mittelmaß. Und so liebt man sowohl Gerichte, die auf sehr kleiner Flamme über Stunden geköchelt, ja geradezu geschmolzen werden, aber gleichzeitig mag man es, wenn das Fleisch auf möglichst großer Flamme röstet. Kebabs, dort wie hier herzhaftes Hackfleisch vom Grill, Schischlikim, Spieße mit gegrilltem Lamm oder Rindfleisch, gerne mit Tahinasoße – ein Gedicht.

Zur Fisch und Fleisch mit einer Beilage aus Gemüse und Kartoffeln passt gleichermaßen eine nordafrikanische Gewürzpaste, die Charmoula, die als Marinade oder Pesto für frittierten oder gebackenen Fisch, Fleisch oder auch als Dip zu Gemüse gereicht wird.

Weder in der jüdischen noch in der muslimischen Küche gibt es Schweinefleisch, denn beide Religionen verbieten den Verzehr. Das Fleisch für Füllungen, Bällchen oder ganze Stücke stammt meist deshalb vom Lamm, Rind oder Geflügel wie dem Huhn, der Pute, der Gans und der Ente. Taube oder die Mullard-Ente, eine israelische Züchtung, die gerne von den Spitzenköchen verwendet wird, gelten als Delikatesse.

An den Küsten gibt es natürlich in erster Linie fangfrischen Fisch, vor allem Zackenbarsch, Forellen, graue und rote Meerbarben, Seebarsche und Petersfische. Man liebt sie in pikanter Soße, gebraten oder auf Holzkohle gegrillt.

Dabei kann es deftig sein, wie beim nordafrikanischen Harimeh, einem scharf gewürzten Fischgericht mit Knoblauch, Tomaten, Kümmel und einer Prise Cayennepfeffer oder auch fein, wenn Gebeizter Lachs auf Granatapfel und Honig trifft oder Meerbarbe von Orangenbutter umhüllt wird. Fischgerichte sind fester Bestandteil eines Festmahls, werden aber auch gern einfach zubereitet mit Knoblauch, Zitronensaft und Paprika.

Nach dem – gerne pikant gewürzten – Essen trinkt man in Israel einen türkischen Mokka oder frischen Minztee. Ein Tasse Kaffee darf nach keinem Essen fehlen und so zeigt sich in Israel eine ausgeprägte Kaffeekultur. Etwas Besonderes ist der jemenitische Kaffee, der mit Hawajg gewürzt ist, einer Mischung aus Kumin, Kardamom, Koriander und Nelken.

Dazu vielleicht etwas Süßes? Dann befinden Sie sich in guter Gesellschaft, denn Desserts und gesüßte Milchgetränke sind gleichermaßen bei Arabern und Juden beliebt.

Während die Araber das typische Baklava (auch Knafeh genannt) perfektioniert haben, einen Blätterteig mit Nüssen und süßem Sirup, werden in der orientalisch-jüdischen Küche gerne Cremes mit Karamell oder Schokolade genascht. Außergewöhnlich lecker sind kleine, weiche Kekse mit Dulce de Leche und Kokos namens Alfajores, die mit den Arabern nach Spanien kamen und von dort in den Nahen Osten und in die ganze Welt.

Was Leckeres kommt auf die Hand

Streetfood, Fastfood, Slowfood

Ich liebe es auf meinen Reisen zu sehen, was in den Küchen der besten Restaurants gezaubert wird. Nicht weniger spannend ist aber, was unterwegs gegessen wird und aus den kleinen Garküchen kommt. Da gibt es so viel zu entdecken an Innovativem, nie Dagewesenem, aber auch an Klassikern, die einfach immer lecker sind. Was seit Jahrzehnten oder sogar noch länger gern gegessen wird, kann so schlecht nicht sein.

Ein echter Tausendsassa ist Schawarma. Rind-, Pute- oder Lammfleisch, mariniert mit Zitronensaft und Gewürzen und am Drehspieß geröstet, das in dünnes Brot aus dem Tabun-Ofen (Esh Tanur) gewickelt oder in eine Pita-Brottasche gefüllt wird. Dazu kommen Salat, Tahina, sauer eingelegtes Gemüse, Amba, die indische Kreation aus Mango und Bockshornklee – und manchmal auch Pommes Frites.

Auch Boreka, die gefüllten Teigtaschen mit Gemüse oder Käse, haben sich in Israel flächendeckend als Streetfood ihren Markt erobert und teilen sich ihren Platz mit Falafel, den frittierter Bällchen aus Kichererbsenbrei, die mit Salat, Gemüse, Hummus und anderen Soßen in Pita- oder Fladenbrot gefüllt werden.

In den Balkanländern und in der Türkei sind die pikanten Häppchen aus Blätterteig längst Tradition. In Israel werden unter dem Namen Boreka nahezu alle Arten von pikant gefülltem Kleingebäck zusammengefasst. Sie ähneln dem mit Käse, Hackfleisch und Spinat gefüllten, türkischen Börek aus Blätterteig. Als Boreka bezeichnet wird aber auch ein Strudel- oder Mürbeteig mit Käse und Lauch, Kartoffelstückchen oder anderem gefüllt. Der in Israel verwendete Blätterteig ist meist ein Filo- oder Yufkateig, der um einiges dünner ist als der Blätterteig, wie man ihn aus Deutschland oder der Türkei kennt.

Schawarma, Boreka und Falafel – sie haben längst ihren Siegeszug um die Welt angetreten. Weniger bekannt sind allerdings Balilah: gekochte, mit Petersilie und Zitrone garnierte Kichererbsen, gewürzt mit Zitronensaft und Kreuzkümmel oder schwarzem Pfeffer. Sie schmecken am besten, wenn sie nicht ganz heiß sind, sondern mundwarm. Dazu etwas frisches Brot, dann braucht man noch nicht mal einen Löffel.

Beide Hände frei und keine Zuschauer hat man am besten, wenn man sich ein Tunisia-Sandwich gönnt. Dahinter verbirgt sich ein üppig belegtes Brot mit einem marokkanischen Salat-Dip aus Tomaten, Paprika, Zwiebeln und Knoblauch (Matbutcha), belegt mit Kartoffelscheiben, Ei, Thunfisch, Zwiebeln und Gurken.

Jüdisches Streetfood ist zuweilen auch absolutes Slowfood. Zum Beispiel in den Garküchen, in denen ein halbes Dutzend verschiedener Gerichte – meist mit Kubbeh-Klößchen – in großen Töpfen auf minimaler Flamme gegart werden. Ganz nach dem Vorbild der Schabbatgerichte, die bereits freitags vor Sonnenuntergang auf den Herd gestellt werden und am Samstag auf den Tisch kommen. Im starken Kontrast dazu steht eine Vorliebe der Israelis dafür, Gemüse und Fleisch auf höchster Stufe zu garen, gerne auch zu grillen und mit viel Feuer zu arbeiten.

Was in den Straßen Israels und vor allem in den Metropolen auffällt, sind die zahlreichen Saftbars, die Obst und auch Gemüse in kreativen Mischungen beispielsweise mit Ingwer, Orange, Minze und Fenchel anbieten. Und überall gibt es in kleinen Mengen abgepackte Nüsse, Sonnenblumenkerne, Mandeln oder Pistazien, gebrannt, süß, salzig oder naturbelassen.

Le Chaim – aufs Leben!

Israel ist bekannt für seinen guten Wein. Angebaut und teils koscher gekeltert werden Rebsorten wie Chardonnay, Sauvignon Blanc, Merlot oder Cabernet.

Der Wein in Israel hat eine lange Tradition, denn schon vor zwei Jahrtausenden lebten in der Region der Negev-Wüste die Nabatäer, die Wein und Obst anbauten. Eine raffinierte Bewässerungstechnik machte es möglich, sogar so viel Wein anzubauen, dass die Weinbauer aus der Wüste ihre Erzeugnisse entlang der Weihrauchstraße von Süd-Arabien bis zum Hafen von Gaza handelten.

Später begannen Juden und deutsche Templer Weinpflanzen anzubauen, die sie aus Deutschland importiert hatten. Der gewerbliche Anbau im größeren Stil war allerdings das Verdienst der Rothschilds: 1887 schenkte Baron Edmond James de Rothschild zionistischen Siedlern an den Westhängen des Carmel-Gebirges mehrere Weinpressen. Gegen Ende des 19. Jahrhunderts bedeckten Rothschilds Weinstöcke etwa die Hälfte des kultivierten Bodens Palästinas bis eine schicksalhafte Krankheit die Weinreben enorm dezimierte.

Vor allem in den 1980er Jahren erlebte israelischer Wein einen enormen Aufschwung. Seit vier Jahrzehnten wird auch in den Bergen Galiläas und auf den Golan-Höhen Wein angebaut und exportiert.

Da abgesehen von Wein und Arak, einem anishaltigen Schnaps, der gerne zu den Vorspeisen gereicht wird, nur wenig andere Alkoholika getrunken werden, gibt es in Israel auch nur eine überschaubare Zahl von Brauereien und Destillerien.

Was dem Leben seine Würze gibt

Für Geschmack und Gesundheit

Wenn israelisch gekocht wird, riecht es meistens nach Kardamom, Kumin oder Kreuzkümmel, Rosmarin, Zimt, Nelken, Ingwer, Kurkuma, Anis, frischem und getrocknetem Koriander und Minze. Für den Geschmack auf der Zunge sorgen Paprika in allen Schärfegraden, Knoblauch, Zwiebeln, Gelbwurz und frische, grüne Chilischoten. In Israel liebt man das landeseigene dunkle, fruchtige Olivenöl, den Sesam und die Petersilie.

Die nach jemenitischen Rezepten der Temanim hergestellten speziellen Gewürzmischungen mit ihren oftmals verdauungsfördernden Zutaten werden gern beim Kochen oder zum Nachwürzen am Tisch verwendet. Dazu gehört Hilbe, eine Paste zubereitet aus Bockshornklee, die als überaus gesundheitsfördernd gilt. Sie wird gerne mit einem intensiv grünen und scharfen Topping aus S'chug, einer Paste aus frischen Kräutern wie Koriander mit Knoblauch und scharfen Chilischoten, verfeinert. Je nach Schärfegrad und Menge der Chilischoten sollte man vom S'chug zunächst nur eine Messerspitze verwenden, bis man seine persönliche Lieblingsschärfe gefunden hat. Ich habe in Israel allerdings auch erprobte S'chug-Esser gesehen, die nicht nur Mengen essen können, die anderen die Augen aus dem Kopf treiben, sondern ihr Lebenselixier sogar dick auf einer Scheibe roher Zwiebel verteilt essen.

Neben der Gewürzmischung Zatar ist auch Hawajg ein beliebtes Gewürz, das zu fast allem passt. Nach jemenitischen Rezept besteht Hawajg aus Ingwer, Zimt, Nelken und Kardamom. Diese Kombination eignet sich sowohl für Desserts als auch für Herzhaftes und wird sehr gerne im heißen Kaffee verrührt.

Eine irakische Gewürzmischung, die ihren Weg in israelische Töpfe gefunden hat, ist Baharat. Schwarzer Pfeffer, Chili, Paprika, Muskatnuss, Koriandersamen, Nelken und Kardamom machen es zu einem idealen Begleiter für deftige Fleisch-Eintöpfe.

Typisch für den nahen Osten: Die Gewürzpalette ist umfangreich und man liebt es, Aromen in besonderen Mixturen zu verbinden. Und das sorgt dafür, dass es einige Schweizer Taschenmesser unter den Würzungen gibt, die man unbedenklich einsetzen kann und die gleichermaßen zu Fisch, Fleisch und Gemüse passen.

Tahina-Sesampaste wird mit Honig gemischt zum Frühstück gegessen, mit Datteln als Nachtisch, mit Knoblauch, Zitronensaft und Olivenöl gemischt auf Aubergine, Paprika oder mit Petersilie, als Soße zu Gemüse, Fisch und Fleisch.

Das süß-säuerliche Amba lässt sich fast ebenso vielfältig einsetzen und ist nicht nur eine wichtige Zutat für die Tunisia-Sandwiches. Sein Name steht im Sanskrit für die Mango. Amba ist eine Mischung der Frucht mit verschiedenen Gewürze in salzigem Öl mit Knoblauch, meist mit Kurkuma, Senfsamen, Kreuzkümmel und Bockshornklee.

Uneingeschränkt empfehlenswert ist auch starker arabischer Kaffee mit aromatischem Kardamom und viel Zucker. Schon von weitem riecht man die Kaffeegeschäfte, in denen er angeboten wird, denn die Kardamom-Kapseln werden oftmals direkt mit den Kaffeebohnen gemahlen. Anders als der Kardamom, der in Deutschland erhältlich ist, ist der israelische Kardamom wesentlich aromatischer und intensiver. Wer dringend einen Energieschub braucht, ist nach diesem Kaffee zu allem bereit.

Die Basis des Genusses

Das darf in der Speisekammer nicht fehlen

Wer israelisch kochen möchte, tut gut daran, die Hauptzutaten, die sich in zahlreichen Rezepten wiederfinden, im Haus zu haben. Dazu gehören Kichererbsen, aber auch andere Hülsenfrüchte wie Linsen, die in allen Farben und Formen verarbeitet werden.

Nudeln spielen bis auf wenige Ausnahmen wie Ptitim kaum eine Rolle, dafür aber umso mehr Reis, Bulgur (Hartweizen) oder Couscous.

Gern verwendet wird das für Israel typische dunkle und fruchtige Olivenöl.

Unerlässlich ist Sesam, zum Beispiel verarbeitet als krümelige Paste (Halva) oder als Soße aus gerösteten Sesamsamen, der Tahina, die mit oder ohne Hummus gerne verwendet wird.

Vor allem Trockenfrüchte sind seit langer Zeit wichtiger Bestandteil der Ernährung und nach wie vor beliebt. Sie erhielten ihre Bedeutung in früheren Zeiten ohne Kühlmöglichkeiten und waren vor allem in trockenen Regionen, in denen der Obstanbau problematisch ist, ein wichtiges Lebensmittel als haltbare und vitaminreiche Alternative zu frischem Obst. Sie finden sich daher auch in einigen der Rezepte wieder.

Zu den frischen Zutaten, die in Israel gerne auf dem Markt direkt vom Erzeuger gekauft werden, gehören Oliven und Zitrusfrüchte wie Zitronen und Orangen, Gemüse wie Tomaten, Okraschoten, Blumenkohl, Auberginen, Paprika, Bohnen, Möhren, Zucchini und Gurken. Größtenteils also alles Zutaten, die man auch in deutschen Supermärkten, beim Gemüsehändler um die Ecke oder auf dem Wochenmarkt kaufen kann.

Unter den Früchten spielen Feigen, Granatapfelkerne, Erdbeeren, Birnen und Aprikosen die größte Rolle.

Viele der exotischeren Gewürze und Zutaten finden Sie im türkischen Lebensmittelladen.

Das schmeckt in Israel wie sonst nirgends

Berühmte Speisen Israels

Jeder kennt das Phänomen, dass das Lieblingsgericht am Urlaubsort ganz anders schmeckt als beim Nachkochen zuhause. Da kann man sich noch so viel Mühe geben, bei den vielen kleinen Facetten, die bei der Zubereitung eines Gerichts in den Geschmack einspielen, fehlt einfach das Besondere, das Flair, das der Ursprungsort dieses Gerichtes in sich trägt. Ich persönlich habe für mich selbst drei Gerichte ausmachen können, die nirgendwo sonst als in Israel ihren besonderen Geschmack in voller Gänze entfalten können.

Petersfisch
Auch wenn der Fisch unter seinem zahlreichen Namen wie Heringskönig, Sonnenfisch, Christusfisch, Martinsfisch oder Saint-Pierre von Norwegen bis Neuseeland vorkommt, ist der (Sankt-)Petersfisch Israels doch ein klein wenig besonderer. Man kann ihn natürlich vor allem in den Fischlokalen rund um den See Genezareth essen, auch wenn er längst nicht mehr ausschließlich aus dem See stammt, sondern aus Zuchtbecken am Rand des Hermon-Gebirges.

Am See Genezareth jedoch bekommt der Fisch noch eine tiefere Symbolik, denn nach biblischer Überlieferung warfen hier Petrus und die anderen Jünger einst ihre Netze aus. Wer einen Peterfisch isst, kommt gleichsam also in Kontakt mit religiöser Geschichte.

Gefilte Fisch
Es ist weniger die Symbolik, sondern eher die Tradition, die diese Spezialität in Israel zu etwas Besonderem macht. Je nachdem, ob man die Gefilte Fisch im Restaurant oder im Supermarkt erblickt, können sie eine Pastete oder Fischfrikadelle sein, die als Fisch geformt wird, eine Fischfarce oder ein kompletter Fisch unter einer dicken, gallertartigen Soße.

Zugegebenermaßen wirken sie durch das Glas betrachtet wenig ansprechend, wie sie da so grell beleuchtet im Regal eines Supermarkt stehen, aber sie sind nicht umsonst ein Klassiker der jüdischen Küche.

Angerichtet nach verschiedenen Rezepten der ehemaligen Sowjetunion, Polen oder Ungarn, die von aschkenasischen Juden mitgebracht wurden, werden sie besonders gern gegessen mit einer Gewürzpaste aus geriebenem Meerrettich und Roter Bete.

Die Bezeichnung „Gefilte Fisch" steht also für eine Vielzahl unterschiedlicher Fischgerichte, was insofern eine ungewöhnliche Ausnahme ist, weil man es ansonsten eher umgekehrt kennt: Die meisten der israelischen Gerichte haben fünf oder sechs verschiedene Namen. Hier ist es umgekehrt.

Ben-Gurion-Reis
Ein Arme-Leute-Essen, das sich zur israelischen Spezialität entwickelt hat, ist der Ben-Gurion-Reis, der Ptitim. Er wurde nach dem Staatsgründer Ben Gurion benannt und war eigentlich eine Notlösung, da Reis in den 1950er Jahren nicht importiert werden konnte. Als Ersatz wurde runde Weizenpasta in Öl und Zwiebeln angebraten und wie Reis mit Wasser gekocht.

Ptitim gehört zu den Beilagen, die gerne auch mehrmals in der Woche auf den Tisch kommen und wird auch israelischer Couscous genannt. Ptitim wird in kleinen Kügelchen oder Ringen serviert, naturbelassen oder knallbunt, was vor allem Kinder richtig gut finden.

Die palästinensischen und libanesischen Varianten des Ben-Gurion-Reis sind Maftoul und Mograbieh.

Was ist sie nun, die israelische Küche?

Die Verbindung kulinarischer Traditionen der islamischen, christlichen und jüdischen Welt findet sich in der israelischen Küche wie in kaum einer anderen wieder. Für mich ist die israelische Küche heute ein Verbund persönlicher Geschichten, die sich auf verschlungenen Wegen in Israel zusammenfinden.

Die originäre jüdische Küche hat sich in den jeweiligen Ländern, in denen sich größere jüdische Gemeinschaften finden konnten, weiterentwickelt und auch viel von den Besonderheiten dieser Länder aufgenommen und sie in eigene Traditionen eingebunden. Diese extreme Vielfalt übertrifft alles, was ich bisher auf dem Teller hatte.

Das Ergebnis ist eine Speisekarte mit einigen der leckersten Rezepten aus Europa, dem Nahen Osten und der Welt. Wer sich kulinarisch weiterbilden will, findet in den Kochtöpfen Israels alle Lieblingsgerichte versammelt.

In diesem Sinne: Guten Appetit, be'Teawon und Shalom!

Ihr Mirko Reeh

Basic-Fonds

Für 3 Liter Fond | Zubereitungsdauer: ca. 90 Minuten

Zutaten Gemüsefond:
2 Karotten
1 Stange Lauch
2 Zwiebeln mit Schale
300 g Knollensellerie
1 Bund glatte oder krause Petersilie
3 Lorbeerblätter
5 g Pfefferkörner
200 ml trockener Weißwein
3 EL neutrales Öl
sowie 3 L Wasser

Zutaten Fleischfond:
Zusätzlich 400 g Knochen mit Mark
oder 400 g Fleischreste

Zutaten Geflügelfond:
Zusätzlich 400 g Geflügelgebeine
oder 400 g Geflügelfleischreste

Zutaten Fischfond:
Zusätzlich 400 g Fischgräten und Fischreste
Wichtig: keine Kiemen, keine Innereien,
sonst wird der Fond sauer und sandig

Zutaten Wildfond:
Zusätzlich 400 g Wildknochen
oder 400 g Wildfleischreste

Ein Fond ist die Basis aller Suppen. Egal, ob Gemüsefond, Fleischfond oder Fischfond, alle sind wichtig um Soßen oder Suppen zu produzieren.

Zubereitung:
Das Gemüse wird grob geschnitten, dann kurz mit dem Öl angebraten. Ist das Gemüse leicht gebräunt, kann der Wein hinzu gegeben werden. Wichtig ist, das der Wein ca. 2 Minuten richtig kocht, damit der Alkohol aufsteigt.

Wenn Fonds erweitert werden durch Fleisch oder Fisch, werden diese beim Anbraten mit hinzu gegeben, damit man ein gutes Brataroma bekommt.

Danach wird mit dem Wasser aufgegossen. Das Ganze sollte bei mittlerer Temperatur ca. 50 bis 60 Minuten köcheln.

Nach der Garzeit kann der Fond abgegossen werden. Um ihn haltbar zu machen, kann der Fond eingeweckt oder eingefroren werden.

Fleischfond:
Wird mit Knochen gearbeitet, sollten diese vorher ca. 45 Minuten bei 180 Grad Umluft gebacken werden.

Fischfond:
Beim Fischfond müssen Sie besonders darauf achten, dass der Fisch, bzw. die Fischreste maximal 30 Minuten mitkochen, da der Fond sonst kippt und sauer wird.

Anmerkung:
Die Zutaten sind schnell zusammengestellt und klein geschnitten. Der Fond kann nebenbei kochen. Die beste Methode, um den Fond haltbar zu machen, ist einfrieren.

Zatar Gewürzmischung

Zubereitungsdauer: ca. 40 Minuten

Zutaten:
2 EL getrockneter Thymian
2 EL getrockneter Majoran
2 EL getrockneter Oregano
1 EL heller Sesam
1 TL Koriandersamen
1 TL Kreuzkümmel
1 TL Salz
½ TL Sumach

Zubereitung:
Alle Zutaten in einen Mörser geben und fein zerstoßen.

Tipp:
Echter Wilder Thymian (Ysop) ist schwer zu finden, deshalb greifen wir auf Thymian zurück. Sumach bekommen Sie z.B. im gut sortierten türkischen Lebensmittelgeschäft.

Tahina

Zubereitungsdauer: ca. 20 Minuten

Zutaten:
100 g Sesam
30 ml Sesamöl
1 TL Zitronensaft

Salz & Pfeffer

Zubereitung:
Sesam rösten. Danach mit allen Zutaten in einen Mixer geben und pürieren bis eine feine Creme entsteht.

Raz El Hanout Gewürzmischung

Zubereitungsdauer: ca. 20 Minuten

Zutaten:
1 TL Zimt
2 TL Kurkuma
3 EL Kreuzkümmel
4 TL schwarzer Pfeffer
2 TL gemahlene Muskatnuss
2 EL getrockneter Ingwer
8 Nelken
2 Muskatnussblüten
2 Lorbeerblätter
0,2 g Safran
4 Kardamomkapseln
3 TL Lavendelblüten oder Rosenblüten
2 getrocknete Chilischoten

Zubereitung:
Alles Zutaten in einer trocknen Pfanne kurz rösten. Dann in einen Mörser geben und sehr fein zermahlen.

Harissa Gewürzmischung

Zubereitungsdauer: ca. 10 Minuten

Zutaten:
100 g Chilischoten, getrocknet
6 Knoblauchzehen
4 EL Salz
6 EL Korianderkörner
4 EL Kreuzkümmel
10 EL Olivenöl

Zubereitung:
Chilischoten im lauwarmen Wasser ziehen lassen bis sie weich sind. Gut abtropfen lassen. Mit allen Zutaten, die zuvor klein geschnitten wurden, mörsern.

Rote-Bete-Creme | Karotten-Creme Oliven-Feigen-Creme

Für 4 Personen | Zubereitungsdauer: 40 Minuten

Zutaten Rote-Bete-Creme:
250 g Kichererbsen
100 g getrocknete Rote Bete (Reformhaus)
100 g fettarmer Joghurt
1 Zwiebel
3 Knoblauchzehen
1 EL Öl
50 g Sesam
50 ml Sesamöl
3 EL Zitronensaft

Salz, Pfeffer & Zucker

Zutaten Karotten-Creme:
400 g gekochte Karotten
4 EL Tahina
1 EL Limetten-Saft
1 klein geschnittene Zwiebel
1 TL Kurkuma
1 TL Harissa

Salz & Pfeffer

Zutaten Oliven-Feigen-Creme:
400 g entsteinte Oliven
100 g getrocknete Feigen
2 EL Tahina
3 Zweige Thymian

Salz & Pfeffer

Zubereitung Rote-Bete-Creme:
Zunächst Sesam fein mahlen und mit dem Sesamöl pürieren. Rote Bete fein mahlen. Knoblauch und Zwiebel fein hacken und mit dem Öl anbraten. Die Kichererbsen dazugeben und mit Wasser auffüllen bis die Erbsen leicht bedeckt sind. Ca. 30 Minuten leicht köcheln lassen.

Wasser abgießen. Die Kichererbsen mit der Sesampaste und dem Zitronensaft sowie der Roten Bete und dem Joghurt fein pürieren. Mit Pfeffer, Salz und eine Prise Zucker abschmecken.

Tipp:
Sie können **Kichererbsen** aus der Dose benutzen oder auch getrocknete, die Sie mindestens 12 Stunden in Wasser eingeweicht haben.

Zubereitung Karotten-Creme:
Alle Zutaten in einen Mixer geben, fein pürieren. Abschmecken mit Salz und Pfeffer.

Zubereitung Oliven-Feigen-Creme:
Die getrockneten Feigen klein schneiden und mit den restlichen Zutaten fein pürieren. Abschmecken mit Salz und Pfeffer.

Fisch-Rub

Zubereitungsdauer: ca. 10 Minuten

Zutaten:
4 EL Paprika edelsüß
1 EL geräuchertes Salz
1 EL Korianderkörner
1 EL Kardamom
3 EL geröstete Zwiebeln
½ TL grobes Chilipulver
½ TL Pfeffer
1 TL Salz
6 EL Olivenöl
2 EL heller Essig

Zubereitung:
Alle Gewürze in einen Mörser geben und grob mörsern, dann Essig und Öl hinzu geben und sehr gut vermengen.

Baharat Gewürzmischung

Zubereitungsdauer: ca. 10 Minuten

Zutaten:
4 EL Paprika edelsüß
4 EL Pfeffer
2 TL Zimt
2 TL Koriandersamen
2 TL Kreuzkümmel
1 TL Muskat
1 TL Nelken
1 TL Piment
1 Messerspitze Kardamom

Zubereitung:
Alle Zutaten in einen Mörser geben und fein mörsern.

Hummus

Für 4 Personen | Zubereitungsdauer: ca. 15 Minuten

Zutaten:
250 g Kichererbsen
1 Zwiebel
3 Knoblauchzehen
1 EL Öl
50 g Sesam
50 ml Sesamöl
3 EL Zitronensaft

Garnitur:
2 EL Öl
½ Bund Petersilie
etwas Paprikapulver
20 g Pinienkerne

Zubereitung:
Zunächst den Sesam mit einer Saatenmühle fein mahlen. Mit dem Sesamöl pürieren. Knoblauch und Zwiebel fein hacken und mit dem Öl anbraten. Die Kichererbsen dazu geben und mit Wasser auffüllen, bis die Kichererbsen leicht bedeckt sind. Etwa 30 Minuten lang leicht köcheln lassen.

Wasser abgießen und dann die Kichererbsen mit der Sesampaste und dem Zitronensaft fein pürieren. Abschmecken mit Pfeffer und Salz. Das Ganze in eine Servierschale geben.

Die glatte Petersilie fein hacken. Mit dem Öl und den Pinienkernen mischen. Diese Masse dann auf das Hummus geben und mit Paprikapulver bestreuen.

Tipp:
Sie können Kichererbsen aus der Dose benutzen oder auch getrocknete, die Sie mindestens 12 Stunden in Wasser eingeweicht haben.

Wenn Sie keine Saatenmühle haben, um den Sesam zu mahlen, können Sie Sesam und das Sesamöl auch durch Tahina (Seite 57) ersetzen.

Challa-Brot mit Sesam

Für 4 Personen | Zubereitungsdauer: 40 Minuten | Backzeit: 40 Minuten

Zutaten:
1,5 kg Mehl
56 g Trockenhefe
2 Eier
2 EL Salz
150 g Zucker
150 ml neutrales Öl
200 ml warmes Wasser für die Hefemischung
500 ml Wasser für die Weiterverarbeitung
2 EL Sesam

Zubereitung:
Die Hefe mit 2 EL Mehl und dem warmen Wasser gründlich verrühren.
900 g des Mehls mit Eiern, Zucker, Öl, dem Salz und der Hefemischung sehr gut vermengen. 30 Minuten ruhen lassen.

Nach dem Ruhen das restliche Mehl und das Wasser für die Weiterverarbeitung mit in die Masse verkneten.

So lange gehen lassen bis der Teig um das Doppelte aufgegangen ist.

Drei Stränge für den Zopf aus dem Teig formen. Ineinander abwechselnd flechten und in eine Brotform geben. Nochmal 20 Minuten ruhen lassen.

Sesam über den Teig geben und im Backofen bei 180 Grad Ober- und Unterhitze ca. 40 Minuten backen lassen.

Israelische Bagels

Für 4 Personen | Zubereitungsdauer: ca. 30 Minuten
Backzeit: ca. 35 Minuten

Zutaten:
1 Klötzchen frische Hefe
1 Prise Zucker
50 ml lauwarme Milch
100 g Butter
250 g Mehl
½ TL Salz

1 Eigelb
20 g Sesam

Zubereitung:
Hefe in der lauwarmen Milch auflösen. Direkt Salz und Zucker hinzu geben. Butter und Mehl in eine Knetmaschine geben, dann die Hefemischung dazu geben. Nun kräftig verrühren lassen. Den Teig 45 Minuten ruhen lassen.

Danach 30 cm lange Stränge rollen und diese jeweils zu einem U-Form gedreht auf Backpapier geben. Zwischen den Teigstücken 2 cm Abstand lassen.

15 Minuten bei 180 Grad Umluft backen. Das Eigelb über die Bagels streichen und den Sesam darüber streuen. Nochmals ca. 15 – 20 Minuten backen.

Hühnersuppe mit Matzeknödel

Für 4 Personen | Zubereitungsdauer: ca. 40 Minuten | Kochzeit: 2 Stunden
Ruhezeit: 3 Stunden

Zutaten Suppe:
1 Suppenhuhn
1 Bund Suppengrün
2 Zwiebeln
½ TL schwarze Pfefferkörner
2 Lorbeerblätter
2 Nelken

Olivenöl zum Anbraten

Zutaten Knödel:
3 Eier
200 – 250 ml Hühnerbrühe
400 g Matzemehl
1 EL Olivenöl

Salz & Pfeffer

Zubereitung:
Das Huhn gründlich reinigen. Das Gemüse putzen und klein schneiden. In einem großen Topf anbraten. Huhn hinzu geben. Mit 3 Liter Wasser auffüllen. Mit den Gewürzen, ohne Salz, 2 Stunden kochen lassen. Danach erst mit Salz abschmecken.

Für die Matzeknödel alle Zutaten zu einem Teig verkneten. Dann 3 Stunden kühl ruhen lassen.

Salzwasser zum Kochen bringen. Den Teig zu mundgerechten Bällen rollen und 20 Minuten darin gar kochen.

Als Beilage in die Suppe geben.

Tipp:
Anstelle des fertigen Matzemehls können Sie auch die entsprechende Menge Matzebrot zerkleinern.

Russisch-israelische Borschtsch-Suppe

Für 4 Personen | Zubereitungsdauer: ca. 40 Minuten

Zutaten:
1 kg Suppenfleisch vom Rind
4 Markknochen
1 kg rohe Rote Bete
1 Stange Lauch
3 Karotten
500 g Weißkohl
2 Zwiebeln
1 Knoblauchzehe
2 EL dunkler Balsamico
1 EL Honig
1 TL Kreuzkümmel
1 TL Koriandersamen
1 Prise Zimt
1 Prise Kardamom
3 Zweige glatte Petersilie

300 ml Weißwein
2 Liter Gemüsefond

Salz & Pfeffer

Zubereitung:
Das Fleisch in kleine Würfel schneiden und mit etwas Öl anbraten. Die Markknochen hinzu geben und mitbraten. Das Gemüse in feine Streifen oder Würfel schneiden, hinzu geben und ca. 10 Minuten mitbraten. Mit dem Wein und dem Fond aufgießen. Durchkochen bis das Fleisch und Gemüse weich sind.

Gewürze fein mahlen und die Petersilie fein zupfen, danach zur Suppe geben. Mit Balsamico und dem Honig sowie Pfeffer und Salz abschmecken.

Auberginensuppe

Für 4 Personen | Zubereitungsdauer: ca. 30 Minuten

Zutaten:
1 kg Auberginen
Öl zum Frittieren

3 Karotten
2 Zwiebeln
1 Stange Lauch
3 Knoblauchzehen
2 Lorbeerblätter
200 ml Milch
400 ml Gemüsefond
200 ml Sahne
3 Zweige Thymian
200 g Schafskäse

Salz & Pfeffer

Zubereitung:
Die Auberginen in 2 cm dicke Scheiben schneiden und frittieren. Auf einem Tuch abtropfen lassen. Zwiebeln, Karotten, Lauch und Knoblauch klein schneiden und anbraten. Die Auberginenscheiben dazugeben. Auffüllen mit den Flüssigkeiten. Gut durchkochen und fein pürieren. Thymian zupfen und hinzu geben. Abschmecken mit Pfeffer und Salz.

Der Schafskäse wird klein gebröselt und beim Servieren auf die Suppe gestreut.

A'ja-Brotfrikadellen

Für 4 Personen | Zubereitungsdauer: 30 Minuten

Zutaten:
100 g Weißbrot ohne Rinde
4 Eier
1 TL gemahlener Kreuzkümmel
1 TL Paprika edelsüß
20 g Schnittlauch
10 g Estragon
50 g Fetakäse

Salz & Pfeffer
Öl zum Braten

Zubereitung:
Brot ca. 1 Minute in Wasser einweichen. Kräuter klein schneiden. Brot ausdrücken und mit allen Zutaten gut vermengen. 10 Minuten ruhen lassen.

Frikadellen formen und diese in etwas Öl von beiden Seiten braten.

Tipp:
Als Füllung kann noch zusätzlich Feta oder Hackfleisch verwendet werden.

Karottensalat

Für 4 Personen | Zubereitungsdauer: 40 Minuten

Zutaten:
10 Karotten
2 Knoblauchzehen
1 TL Cayenne-Pfeffer
2 EL Zitronensaft
1 EL Olivenöl
1 TL Salz
½ TL Kreuzkümmel
50 g Rosinen oder Cranberrys
1 EL glatte Petersilie
½ TL Harissa

Salz & Pfeffer

Zubereitung:
Die Karotten ungeschnitten kochen. Knoblauch und glatte Petersilie sehr fein schneiden. Karotten in kleine Würfel schneiden, mit den restlichen Zutaten vermengen und mit Salz und Pfeffer abschmecken.

Tabule

Für 4 Personen | Zubereitungsdauer: ca. 30 Minuten

Zutaten Tabule:
150 g Bulgur
1 Bund glatte Petersilie
1 rote Zwiebel
2 Tomaten
1 grüne Paprikaschote
2 EL Zitronensaft
3 EL Olivenöl
½ TL Zimt
1 EL Koriander, fein geschnitten
1 EL Paprikapulver, edelsüß
2 EL Granatapfelkerne

Salz & Pfeffer

Zubereitung:
Bulgur gar kochen, dann durchspülen und auskühlen lassen. Alle weiteren Zutaten in sehr feine Würfelchen schneiden oder fein hacken. Mit den restlichen Zutaten sehr gut vermengen und mit Salz und Pfeffer abschmecken.

Falafel mit Joghurt-Minze-Dip

Für 4 Personen | Zubereitungsdauer: ca. 40 Minuten

Zutaten Falafel:
250 g Kichererbsen
½ Bund Koriander
½ TL gemahlener Koriander
1 Zwiebel
1 Knoblauchzehe
½ TL Kreuzkümmel
1 EL Zitronensaft

Öl zum Frittieren

Zutaten Dip:
½ Gurke
½ TL Kreuzkümmel
1 Bund Minze
½ TL Paprika edelsüß
1 Knoblauchzehe

300 g Joghurt

Salz & Pfeffer

Zubereitung Dip:
Gurke und Knoblauch schälen und sehr klein schneiden. Mit den Gewürzen und dem Joghurt gut vermengen. Abschmecken mit Pfeffer und Salz.

Zubereitung Falafel:
Die Kichererbsen mit den restlichen Zutaten in einen Mixer geben und fein mahlen. Dann kräftig mit Pfeffer und Salz würzen. Aus der Masse hühnereigroße Bällchen formen. Öl heiß machen. Bällchen im heißen Fett knusprigbraun frittieren.

Kohlrabi-Salat mit Minze und Baby-Spinat

Für 4 Personen | Zubereitungsdauer: 40 Minuten

Zutaten:
400 g Kohlrabi
200 Baby-Spinat
1 Knoblauchzehe
200 g Saure Sahne
2 EL Zitronensaft
6 EL Olivenöl
4 Zweige Minze
1 EL Sumach

Salz & Pfeffer

Zubereitung:
Kohlrabi schälen und in Würfel schneiden. 10 Minuten in Salzwasser kochen.

Minze zupfen und klein schneiden. Spinat säubern. Für das Dressing Knoblauch klein schneiden, mit dem Zitronensaft, der Minze, dem Öl und dem Sumach gut vermengen und unter die Saure Sahne heben.

Ist der Kohlrabi vorbereitet, gut abtropfen und auskühlen lassen.

Mit allen Zutaten vermengen und mit Salz und Pfeffer abschmecken.

Tipp:
Sumach sind die getrockneten und gemahlenen Beeren des Färberstrauchs. Man bekommt es als Gewürz z.B. im arabischen Lebensmittelgeschäft.

Spargel-Freekeh-Salat

Für 4 Personen | Zubereitungsdauer: 40 Minuten

Zutaten:
400 g Freekeh
800 g Spargel
1 Bund glatte Petersilie
8 EL Olivenöl
2 Knoblauchzehen
1 Zitrone, deren Saft
1 Limette, deren Saft
1 EL Honig
100 g Granatapfelkerne
50 g Pinienkerne

Chili, Salz & Pfeffer

Zubereitung:
Freekeh 1 Stunde einweichen, dann 5 Minuten im Salzwasser kochen.

Spargel säubern und harte Stellen entfernen. In Rauten schneiden. Den Spargel anbraten. Knoblauch klein schneiden. Glatte Petersilie zupfen und klein schneiden.

Den Freekeh und den Spargel mit den restlichen Zutaten vermischen.

Mit Chili, Salz und Pfeffer würzen.

Tipp:
Freekeh ähnelt Grünkern und ist unreif geernteter Weizen. Sie bekommen ihn z.B. als „firik" im türkischen Lebensmittelhandel.

Salat von Rucola und Spinat mit Birne

Für 4 Personen | Zubereitungsdauer: ca. 20 Minuten

Zutaten:
200 g Rucola
200 g Baby-Spinat
1 Birne
50 g Pinienkerne
100 g Roquefort-Käse

Zutaten Dressing:
50 ml Olivenöl
20 ml Apfelessig
20 ml Gemüsefond
1 Birne

Salz & Pfeffer

Zubereitung Dressing:
Birne entkernen und mit der Schale klein schneiden, dann mit allen Zutaten in den Mixer geben und sehr fein pürieren. Durch ein Haarsieb geben. Danach würzen mit Pfeffer und Salz.

Zubereitung Salat:
Salat säubern. Birne und Käse klein schneiden und zusammen in einer großen Schale anrichten. Pinienkerne rösten und über den Salat geben. Kurz vor dem Servieren das Dressing darüber geben.

Rote Bete mit Spinat und Walnussdressing

Für 4 Personen | Zubereitungsdauer: ca. 20 Minuten

Zutaten:
500 g gekochte Rote Bete
200 g frischer Baby-Spinat
100 g geröstete Walnüsse
100 g Feta
3 Zweige glatte Petersilie

Zutaten Dressing:
50 ml Olivenöl
30 ml Walnussöl
30 ml dunkler Balsamico
1 EL Sherry
50 g geröstete Walnüsse

Salz & Pfeffer

Zubereitung:
Für das Dressing alle Zutaten in einen Mixer geben und fein pürieren. Mit Salz und Pfeffer abschmecken.

Rote Bete für den Salat in Scheiben oder Spalten schneiden, mit dem zuvor gesäuberten Spinat anrichten. Walnüsse hacken. Feta zerbröseln. Petersilie fein schneiden. Alle drei Zutaten großzügig über den Salat geben. Vor dem Anrichten das Dressing darüber geben.

Tipp:
Gegen verfärbte Finger beim Schneiden der Roten Bete helfen Küchenhandschuhe.

Grünkohl-Salat mit Cranberry-Sumach-Dressing

Für 4 Personen | Zubereitungsdauer: 20 Minuten

Zutaten Salat:
300 g junger Grünkohl
1 Bund Radieschen
1 Maiskolben
50 g Cranberrys
50 g Mandelblättchen
100 g Cherry-Tomaten

Zutaten Dressing:
80 ml Olivenöl
50 ml Gemüsefond
1 Zitrone, deren Saft
50 g Cranberrys
1 TL Sumach

Salz & Pfeffer

Zubereitung:
Für den Salat den Grünkohl in mundgerechte Stücke schneiden. Den Maiskolben anbraten, dann die Maiskörner vom Kolben herunterschneiden.

Radieschen in Scheiben schneiden. Tomaten halbieren. Mandelblättchen mit etwas Öl in einer Pfanne rösten.

Alle vorbereiteten Zutaten für den Salat vermengen.

Für das Dressing alle Zutaten in einen Mixer geben und fein pürieren. Abschmecken mit Pfeffer und Salz und unter den Salat heben.

Tipp:
Sumach sind die getrockneten und gemahlenen Beeren des Färberstrauchs. Man bekommt es als Gewürz z.B. im arabischen Lebensmittelgeschäft.

Kichererbsen-Salat mit Couscous und Granatapfel

Für 4 Personen | Zubereitungsdauer: ca. 20 Minuten

Zutaten:
400 g gekochte Kichererbsen
200 g Couscous
1 Bund glatte Petersilie
1 Orange, deren Schale und Saft
1 Zitrone, deren Schale und Saft
2 Granatäpfel
50 ml Olivenöl
1 EL gemahlener Koriander
½ TL gemahlener Zimt

Salz & Pfeffer

Zubereitung:
Couscous mit 200 ml heißem Gemüsefond übergießen und ca. 20 Minuten ruhen lassen. Glatte Petersilie fein schneiden. Granatapfel entkernen. Alle vorbereiteten Zutaten mit dem Saft der Zitrone und der Orange sowie deren Abrieb mit dem Couscous vermengen.

Mit Pfeffer und Salz abschmecken.

Majadra mit Rote-Bete-Salat

Für 4 Personen | Zubereitungsdauer: 30 Minuten

Zutaten Majadra:
300 g braune oder grüne Linsen
200 g Reis
5 Zwiebeln
1 EL Kreuzkümmel
2 EL Koriander
1 TL Kurkuma
1 TL Piment
2 TL Zimt
1 TL Zucker
6 EL Olivenöl
400 ml Wasser

Zutaten Rote-Bete-Salat:
400 g gekochte Rote Bete
1 Zwiebel
1 EL Koriander
1 EL Kreuzkümmel
4 Stängel Minze
100 g Saure Sahne

Öl zum Frittieren
Salz & Pfeffer

Zubereitung Majadra:
Linsen 20 Minuten einweichen und danach bissfest in Salzwasser garen.

Zwiebeln in Ringe schneiden. Im heißen Öl frittieren.

Die Gewürze mörsern. Dann mit etwas Öl anbraten. Den Reis hinzu geben und kurz mitrösten. Linsen hinzu geben und aufgießen mit dem Wasser. Mit geschlossenem Deckel ca. 20 Minuten bei mittlerer Hitze garen.

Nach dem Garen das Olivenöl hinzu geben und mit Pfeffer und Salz würzen.

Zubereitung Rote-Bete-Salat:
Die gekochte Rote Bete in Würfel schneiden. Die Gewürze im Mörser zerkleinern. Die Minze zupfen und klein schneiden.

Mit der Sauren Sahne vermengen und mit Pfeffer und Salz würzen.

Tipp:
Den Rote-Bete-Salat kann man auch als Beilage für Challa oder Bagels nehmen.

Besonders lecker schmeckt es auch als eigenständiges Rezept als Starter zu anderen israelischen Mezze.

Gebratene Aubergine mit gewürztem Joghurt

Für 4 Personen | Zubereitungsdauer: 30 Minuten

Zutaten:
4 Auberginen

400 g Joghurt mit mindestens 10 % Fett
4 Stängel Minze
1 EL Zatar
1 TL Sumach
1 Knoblauchzehe
1 Zwiebel

Öl zum Frittieren
Salz & Pfeffer

Zubereitung:
Die Auberginen in Scheiben schneiden, dann nur so lange frittieren bis sie weich sind. Herausnehmen und auf einem Tuch abtropfen lassen.

Minze zupfen und fein schneiden. Knoblauch und Zwiebel schälen und in feinste Würfelchen schneiden. Dann alle vorbereiteten Zutaten miteinander vermengen. Zu den Gewürzen zusätzlich etwas Pfeffer und Salz geben.

Die Auberginen mit dem gewürzten Joghurt und Challa-Brot servieren.

Latkes

Für 4 Personen | Zubereitungsdauer: 40 Minuten

Zutaten:
500 g Kartoffeln
250 g Pastinaken
½ Bund Schnittlauch
4 Eiweiß
2 EL Stärke
80 g Butter

Öl zum Braten
Salz & Pfeffer

Saure Sahne oder Schmand

Zubereitung:
Kartoffeln und Pastinaken schälen und fein raspeln. Mit allen Zutaten sehr gut vermengen. 20 Minuten ruhen lassen. Kräftig mit Pfeffer und Salz würzen.

Öl zum Braten heiß machen. 2 EL der Masse für jeweils einen Fladen in die Pfanne geben und platt drücken. Von beiden Seiten gut anbraten.

Danach warm halten bis alle Latkes fertig sind. Mit der Sauren Sahne oder Schmand servieren.

Muschelnudeln mit Joghurt-Soße und Erbsen

Für 4 Personen | Zubereitungsdauer: 30 Minuten

Zutaten:
400 g Muschelnudeln
500 g Erbsen
500 g Joghurt mit mindestens 10 % Fett
2 Zwiebeln
4 Knoblauchzehen
100 ml Joghurt
80 g Pinienkerne
6 Stängel Basilikum
250 g Feta

Salz & Pfeffer

Zubereitung:
Nudeln al dente garen und zur Seite stellen. Basilikum zupfen. Feta zerbröseln. Zwiebeln klein schneiden.

Joghurt, Olivenöl, Knoblauch und 100 g der Erbsen in einer Küchenmaschine fein pürieren.

Die Zwiebeln in einer großen Pfanne anbraten. Die Pinienkerne und die restlichen Erbsen hinzu geben. Die Nudeln unterheben. Feta hinzu geben und gut durchschwenken, damit alles schön heiß ist. Pfanne von der Hitze nehmen und den Joghurt unterheben. Basilikum hinzu geben. Mit Pfeffer und Salz abschmecken.

Gebackener Kürbis mit Raz El Hanout und Amba

Für 4 Personen | Zubereitungsdauer mit Backen: ca. 40 Minuten

Zutaten:
1 Hokkaido-Kürbis
2 EL Raz el Hanout
6 EL Olivenöl

Salz

Zutaten Amba:
2 geschälte und entkernte reife Mangos
2 Limetten-Abrieb und -Saft
2 Knoblauchzehen
6 EL Olivenöl
½ TL Senfsamen
½ TL Bockshornkleesamen
½ TL Cayennepfeffer
½ TL geräuchertes Paprikapulver
½ TL Kurkuma

Salz & Pfeffer

Zubereitung Kürbis:
Den Kürbis in Spalten aufschneiden und auf ein Backblech mit Backpapier legen. Raz el Hanout vermengen mit dem Öl, auf die Kürbisspalten pinseln und salzen.

Im Backofen bei 180 Grad ca. 40 – 45 Minuten backen.

Zubereitung Amba:
Alle Zutaten in einen Mixer geben und fein pürieren. Abschmecken mit Salz und Pfeffer.

Tipp:
Amba passt eigentlich zu allem. Diese süß-würzige Soße ist ein Alleskönner.

Kohlrouladen in Tomaten-Chili-Oliven-Soße

Für 4 Personen | Zubereitungsdauer: 40 Minuten

Zutaten Roulade:
6 große Wirsingblätter
4 Frühlingszwiebeln
1 Knoblauchzehe
3 EL Tomatenmark
80 g Rosinen
3 EL gehackte Mandeln
1 TL Zimt
2 EL frisch gehackte Petersilie
500 g Langkornreis
250 ml Gemüsebrühe

Zutaten Soße:
800 g Tomaten
50 g Karotten
100 g Zwiebeln
100 g Stangensellerie
3 Chilischoten
100 g Oliven, entsteint
1 EL Basilikum
4 EL Olivenöl

Salz & Pfeffer

Zubereitung Kohlrouladen:

Zunächst den Backofen auf 200 Grad vorheizen. In eine Auflaufform etwas Butter oder Öl geben und einstreichen. Die Kohlblätter werden ca. 15 Sekunden blanchiert. Dann abtropfen lassen und die harten Stiele entfernen.

Füllung:

Reis nach Packungsangabe kochen. In einem Topf die kleingehackten Frühlingszwiebeln und den Knoblauch anbraten.

Nun alle Zutaten bis auf die Brühe hinzu geben, alles gut unterheben, mit Pfeffer und Salz abschmecken und dann von der Hitze nehmen. Die Füllung auf den Rand des Kohls legen und einwickeln. Mit einem Küchengarn gut, aber nicht zu fest verschnüren, sonst reißt das Kohlblatt ein. Mit der Nahtseite nach unten in die Auflaufform legen und mit der vorbereiteten Brühe abgießen. Das Ganze im Backofen bei 180 Grad Umluft ca. 20 – 30 Minuten garen lassen.

Zubereitung Soße:

Zuerst die Tomaten klein schneiden und in einen hohen Topf geben. Die Karotten und die Zwiebeln sowie den Sellerie klein würfeln und ebenfalls hinzu geben. Alles 30 Minuten köcheln. Die gekochte Gemüsemischung mit einem Löffel durch ein Sieb passieren. Die Chilis und die Oliven klein schneiden, dann unter die Masse heben. Das Ganze durchkochen. Mit Basilikum abschmecken. Pfeffer und Salz hinzu geben.

Graupen-Risotto mit Feta

Für 4 Personen | Zubereitungsdauer: 40 Minuten

Zutaten:
300 g Perlgraupen
2 Stangen Sellerie
2 Schalotten
2 Knoblauchzehen
4 Zweige Thymian
4 Zweige Oregano
1/2 Zitrone, deren Abrieb
800 g Tomatenstücke aus der Dose
800 ml Gemüsefond
1 EL Kümmel
1 TL geräuchertes Paprikapulver
1 Lorbeerblatt
400 g Feta

Öl zum Anbraten
Chili, Salz & Pfeffer

Zubereitung:
Perlgraupen mit dem Fond und dem Lorbeerblatt aufkochen und gar ziehen lassen, danach das Lorbeerblatt herausnehmen.

In der Zwischenzeit das Gemüse und die Kräuter säubern und klein schneiden.

Sind die Graupen gar, unter mittlerer Hitze die restlichen Zutaten bis auf den Käse nach und nach unter ständigem Rühren hinzu geben. Gewürze hinzu geben. Mit Pfeffer und Salz würzen.

Zu guter Letzt den Feta zerbröseln und über das Risotto geben.

Schakschuka

Für 4 Personen | Zubereitungsdauer: 50 Minuten

Zutaten:
800 g feste Tomaten
2 rote Paprika
4 Knoblauchzehen
2 EL Harissa
1 TL gemahlener Kreuzkümmel
4 EL Olivenöl
2 EL Tomatenmark
8 Eier

Salz & Pfeffer
100 g Joghurt mit 10 % Fett

Zubereitung:
Knoblauch, Tomaten und Paprika in Würfel schneiden. Olivenöl in einer Pfanne heiß machen. Kreuzkümmel, Harissa, Tomatenmark, Knoblauch und Paprika anbraten, dann die Tomatenwürfel hinzu geben. Gut 10 – 15 Minuten köcheln lassen bis die Masse sämig ist. Die Soße mit Pfeffer und Salz abschmecken.

In die Soße leichte Vertiefungen hineindrücken. Die Eier in die Vertiefung geben. Das Eiweiß ein bisschen mit der Soße verbinden. Bevor die Soße mit dem Ei serviert wird, sollte das Eiweiß gestockt sein, die Eigelbe noch flüssig.

Die Eier mit der Soße auf Teller geben, hierzu kommt der Joghurt.

Gerösteter Blumenkohl mit Granatapfel und Minze hierzu Zitronenreis

Für 4 Personen | Zubereitungsdauer: ca. 40 Minuten

Zutaten Blumenkohl:
1 mittlerer Blumenkohl
½ Bund Minze
2 Granatäpfel
100 g Mandeln
¼ TL Zimt
4 Pimentkörner
50 ml Olivenöl

Zutaten Reis:
500 g Reis
30 g Ingwer
2 Zitronen
2 Limette
4 EL Öl
2 TL braune Senfkörner
½ TL Kreuzkümmel
100 g Mandeln
1 TL Kurkuma

Salz & Pfeffer

Zubereitung Blumenkohl:
Blumenkohl putzen und kleine Röschen schneiden. Diese dann auf ein Blech legen. Mandeln und Olivenöl darauf geben. Im Backofen bei 200 Grad 25 – 30 Minuten backen. In der Zwischenzeit Minze fein schneiden. Die Gewürze fein mahlen, danach alles zusammen in eine Schüssel geben und gut vermengen. Abschmecken mit Pfeffer und Salz.

Zubereitung Reis:
Den Reis im Reiskocher mit dem Kurkuma garen. Die Gewürze und Mandeln in dem Öl anbraten und den Reis hinzu geben. Bei leichter Hitze mehrmals durchheben. Abschmecken mit Limetten- und Zitronensaft sowie mit Salz.

Lachs mit würzigem Rub auf süßem Linsensalat

Für 4 Personen | Zubereitungsdauer: ca. 30 Minuten

Zutaten:
600 g Lachsfilet
4 EL Fisch-Rub

Zutaten Linsensalat:
100 g Tellerlinsen
100 g rote Linsen
1 Zwiebel
2 Karotten
1 Knoblauchzehe
500 ml Gemüsefond
1 Lorbeerblatt
4 EL Olivenöl
2 EL heller Essig
2 EL Raz el Hanout

Salz & Pfeffer

Zubereitung:
Den Lachs auf ein Backblech geben, dann das Fisch-Rub und etwas Salz darauf geben. Im Backofen bei 120 Grad Umluft ca. 6 Minuten garen.

Die Linsen mit dem Lorbeerblatt in der Brühe gar ziehen lassen, danach die Flüssigkeit abgießen und auffangen.

Zwiebeln, Knoblauch und Karotten in kleine Würfel schneiden und kräftig anbraten. Dann alles mischen. Öl, Essig, Raz el Hanout und etwas von der Flüssigkeit hinzu geben, mit Pfeffer und Salz abschmecken.

Kabeljau auf Backkartoffeln mit Artischocken

Für 4 Personen | Zubereitungsdauer: 40 Minuten

Zutaten:
600 g Kabeljau-Filet
400 g Kartoffeln
400 g Artischockenböden
100 ml trockener Weißwein
1 Zitrone
1 Limette
1 Zwiebel
1 Knoblauchzehe
6 – 8 EL Olivenöl
4 Zweige glatte Petersilie
4 Zweige Thymian

Salz & Pfeffer

Zubereitung:
Die Kartoffeln in Scheiben schneiden. Mit etwas Olivenöl auf den Schnittflächen anbraten. Im Backofen bei 180 Grad Umluft ca. 30 Minuten backen.

Zwiebeln und Knoblauch schälen. klein schneiden und mit Olivenöl anbraten. Die Artischocken hinzu geben. Den Saft und den Wein hinzu geben und einige Minuten köcheln lassen. Kräuter klein scheiden und ebenfalls hinzu geben.

Zum Schluss den Fisch hinzu geben und mit geschlossenem Deckel und kleinster Temperatur ca. 5 – 7 Minuten gar ziehen lassen. Mit Salz und Pfeffer abschmecken.

Würzige Fischbällchen

Für 4 Personen | Zubereitungsdauer: 40 Minuten

Zutaten Bällchen:
600 g Kabeljau ohne Haut
100 g Weißbrot ohne Rinde
1 Zwiebel
4 Knoblauchzehe
3 Stängel glatte Petersilie
3 Stängel Koriander
1 EL Kreuzkümmel
2 Eier

Zutaten Soße:
400 g gewürfelte Dosentomaten
1 Zwiebel
1 EL Kreuzkümmel
2 TL Paprikapulver
1 TL Korianderkörner
125 ml trockener Weißwein
1 Chilischote
1 Knoblauchzehe
2 TL Zucker
6 Stängel Minze

Salz & Pfeffer

Zubereitung Bällchen:
Zwiebel und Knoblauch klein schneiden. Petersilie und Koriander zupfen und fein schneiden. Koriander mörsern. Fisch und Weißbrot in einer Küchenmaschine fein pürieren. Mit den restlichen Zutaten vermengen und mit Pfeffer und Salz würzen. Danach Bällchen formen. Mit etwas Öl rundherum anbraten.

Zubereitung Soße:
Zwiebel und Knoblauch klein schneiden. Gewürze mörsern. Chilischote entkernen und klein schneiden. Minze zupfen. Zwiebeln, Knoblauch und Chili anbraten. Gewürze hinzu geben. Mit dem Wein ablöschen. Die Tomaten hinzu geben und köcheln lassen. Mit Pfeffer, Salz und Zucker abschmecken.

Die Bällchen hinzu geben und in der Soße garen. Dazu passt Reis.

Senf-Chili-Brioche-Burger mit Fisch

Für 4 Personen | Zubereitungsdauer: ca. 40 Minuten

Zutaten Brioche:
500 g Mehl
200 ml Wasser
80 ml Milch
14 g Trockenhefe
½ TL gemahlener Senf
½ TL gemahlenes Chilipulver
1 Ei
8 g Salz
35 g Zucker
80 g weiche Butter

1 Ei
40 ml Milch
2 EL Wasser

Zutaten Fischfrikadelle:
400 g Fischfilet
50 g fein geschnittene Paprika
2 EL fein geschnittene glatte Petersilie
50 g fein geschnittene getrocknete Tomaten
2 Eier
etwas Paniermehl

Sowie:
6 EL Mayonnaise
3 Zweige Dill
1 TL gemahlener Koriander
1 Spritzer Zitrone

1 rote Zwiebel
100 g Baby-Spinat

Salz & Pfeffer

Zubereitung Brötchen:
Alle Zutaten nach und nach von fest nach weich in eine Schüssel geben und sehr gut verkneten. Dann eine Stunde ruhen lassen und nochmals verkneten. Nun in Bällchen formen. Auf ein Backblech setzen und etwas andrücken. Nochmals eine halbe Stunde ruhen lassen. Eine Mischung aus dem Ei, Milch und Wasser herstellen und den Teig gut bepinseln. Im Backofen bei 200 Grad Umluft 15 – 20 Minuten backen.

Zubereitung Fischfrikadelle:
Das Fischfilet durch einen Fleischwolf geben oder mit einem Pürierstab sehr fein pürieren. Die restlichen Zutaten für die Frikadelle unterheben. Mit dem Ei und dem Paniermehl binden, damit die Frikadelle stabil bleibt. Rückwärts braten, was bedeutet: Frikadellen formen, auf ein Backblech geben und bei 180 Grad Umluft ca. 8 – 10 Minuten garen, danach in einer beschichteten Pfanne von beiden Seiten anbraten.

So geht's weiter:
Dill fein schneiden, mit der Mayo und dem Koriander sowie einem Spritzer Zitrone vermengen. Mit Pfeffer und Salz abschmecken.

Spinat säubern. Zwiebeln in Ringe schneiden.

Das Brötchen aufschneiden und belegen.

Tipp:
Die Fischfrikadelle schmeckt auch kalt sehr gut. Da der Fisch komplett durchgegart ist, braucht man sich auch wegen der Haltbarkeit wenig Sorgen machen.

Die Mayonnaise eignet sich auch sehr gut verlängert mit noch mehr Zitrone oder Limette zum Dippen für Challa-Brot oder auch den Bagel.

Makkaroni-Chamin

Für 4 Personen | Zubereitungsdauer: 40 Minuten | Garzeit: 2 Stunden

Zutaten:
400 g Makkaroni
8 Hühnerschenkel
6 große Kartoffeln
4 Eier

2 EL Tomatenmark
1 EL Paprika edelsüß
4 EL Olivenöl
2 TL Salz
1 TL gemahlener Pfeffer

Zubereitung:
Die Hühnerschenkel anbraten. Tomatenmark mit dem Paprikapulver, dem Öl, dem Salz und dem Pfeffer vermengen. Danach die Schenkel darin marinieren.

Nudeln al dente garen. Kartoffel schälen und in Scheiben schneiden.

Den Boden einer tiefen Kasserolle gut ölen. Dann die Kartoffelscheiben daraufflegen. Die Hälfte der Makkaroni darauf verteilen. Dann die Schenkel ohne Marinade gleichmäßig darauf verteilen. Die restlichen Makkaroni darüber verteilen.

Die Eier aufschlagen und mit der Marinade mischen, dann gleichmäßig über die Makkaroni-Masse geben.

Im Backofen bei 160 Grad Ober- und Unterhitze 2 Stunden garen.

Brathähnchen mit Zitrone und Arak

Für 4 Personen | Zubereitungsdauer: 40 Minuten

Zutaten:
1 zerlegtes Huhn
oder 4 Hühnerschenkel

2 Knoblauchzehen
3 Fenchelknollen
4 Schalotten
2 Zitronen

100 ml Orangensaft
100 ml Arak oder Pernot

3 EL Zucker
2 EL Senfkörner
2 EL Fenchelsamen
6 Zweige Thymian
2 Zweige Oregano
3 Zweige glatte Petersilie

Olivenöl zum Anbraten
Salz & Pfeffer

Zubereitung:
Die Hühnerteile mit dem Öl anbraten. Die Zitronen in Scheiben schneiden. Fenchel vierteln. Knoblauch und Schalotten schälen. Schalotten vierteln.

Sind die Hühnerteile angebraten, kurz heraus nehmen. Den Zucker in die Pfanne geben und karamellisieren. Schalotten, Fenchel und Knoblauch hinzu geben. Den Arak und den Orangensaft hinzu geben und kräftig aufkochen lassen. Dann die Gewürze hinzu geben und nochmals aufkochen lassen. Kräftig mit Pfeffer und Salz würzen. Die Hühnerteile hinzu geben und mit dem aufgekochten Saft und Arak übergießen.

Im Backofen bei 180 Grad Umluft 35 – 40 Minuten garen.

Hierzu passt am besten Reis oder Brot.

Maqluba

Für 4 Personen | Zubereitungsdauer: 30 Minuten | Garzeit: 60 Minuten

Zutaten:
4 Hühnerkeulen
500 g Reis
4 große Auberginen
2 Zwiebeln
1 kleiner Blumenkohl
4 Tomaten
2 Knoblauchzehen
2 Lorbeerblätter
1 Stange Zimt
1 TL Piment
1 TL Kurkuma
1 TL Baharat
1 TL schwarzer Pfeffer
1 TL Salz
1 Liter

Öl zum Frittieren

Zubereitung:
Aubergine in Scheiben schneiden. Blumenkohl in Röschen schneiden. Tomaten in Scheiben schneiden. Knoblauch und Zwiebeln schälen und in Würfel schneiden.

Blumenkohl und Auberginen kurz frittieren. Hühnerkeulen rundherum anbraten.

Zwiebeln und Knoblauch in einem Bräter anbraten. Dann die Gewürze hinzu geben. Reis hinzu geben und vermengen. Auffüllen mit dem Fond. Danach das Gemüse einschichten.

Zum Schluss kommen die Hühnerkeulen auf das Gemüse.

Den Bräter mit einem Deckel verschließen. Im Backofen 60 Minuten bei 180 Grad Ober- und Unterhitze garen.

Danach mit Gurken-Joghurt servieren.

Gurken-Joghurt

Für 4 Personen | Zubereitungsdauer: 20 Minuten

Zutaten:
1 Gurke
500 g Joghurt mit mindestens 10 % Fett
1 Knoblauchzehe
4 Stängel Minze
1 Stängel Dill
2 EL Zitronensaft

Salz & Pfeffer

Zubereitung:
Gurken in Scheiben schneiden und vierteln. Minze und Dill zupfen und fein schneiden. Knoblauch schälen und klein schneiden.

Mit allen restlichen Zutaten vermengen. Mit Pfeffer und Salz abschmecken.

Sofrito

Für 4 Personen | Zubereitungsdauer: 40 Minuten | Garzeit: 2 Stunden

Zutaten:
1 großes Huhn
12 Kartoffeln
1 EL Kurkuma
1 EL Koriandersamen
1 TL Pfefferkörner
1 TL Baharat
1 TL Salz
Olivenöl zum Braten
100 ml Gemüse oder Geflügelfond

Zubereitung:
Huhn vierteln und rundherum in einer großen Kasserolle anbraten. Die Hühnerteile zur Seite stellen. Die Kartoffeln ebenfalls anbraten. Dann angießen mit dem Fond. Die Gewürze hinzu geben. Danach die Hühnerteile auf die Kartoffeln legen.

Im Backofen bei 180 Grad Ober- und Unterhitze 2 Stunden garen.

Mit den Kartoffeln und frischem Salat servieren.

Gefüllte Aubergine

Für 4 Personen | Zubereitungsdauer: 30 Minuten | Backzeit: 1 Stunde

Zutaten:
4 Auberginen
2 Paprika
2 Tomaten
20 g Pinienkerne
1 Zwiebel
1 EL gemahlener Kreuzkümmel
1 EL Paprika edelsüß
1 EL Zimt
2 EL Tomatenmark
1 EL Zucker
1 EL Zitronensaft
4 EL Olivenöl
3 Zweige glatte Petersilie
100 g Käse zum Überbacken

Variante:
400 g Lammhackfleisch

Salz & Pfeffer

Zubereitung:
Die Auberginen aufschneiden und aushöhlen. Das Auberginenfleisch klein schneiden. Paprika und Tomaten klein schneiden. Petersilie fein zupfen. Dann alle Zutaten vermengen.

Möchte man die Auberginen mit Fleisch füllen, mischt man das rohe Lammhackfleisch einfach mit in die Gemüsemasse.

Die Masse wird kräftig gewürzt und dann in die Auberginen gegeben. Mit dem Käse bestreuen.

Im Backofen bei 180 Grad Ober- und Unterhitze 1 Stunde backen.

Nudeltörtchen mit würzigen Lammbällchen

Für 4 Personen | Zubereitungsdauer: ca. 20 Minuten

Zutaten Bällchen:
400 g Lammhack
1 TL Raz el Hanout Gewürzmischung
1 TL klein geschnittene Petersilie
1 kleine fein geschnittene Zwiebel

Zutaten Nudel:
200 g Spaghetti
2 Eier
2 EL Milch
100 g Parmesan

Zutaten Soße:
400 g Dosentomaten
1 kleine fein geschnittene Zwiebel
1 Knoblauchzehe
4 EL alter Balsamico
1 EL Paprika edelsüß

Salz & Pfeffer

Zubereitung Bällchen:
Alle Zutaten sehr gut vermengen. Würzen mit Pfeffer und Salz, danach Bällchen formen.

So geht's weiter:
Nudeln al dente kochen, dann der Länge nach auf ein Backblech legen und auskühlen lassen.

Die rohen Bällchen mit den Nudeln ummanteln und in Förmchen z.B. Muffinförmchen setzen. Milch, Ei und etwas Parmesan vermengen und über die Nudelnester geben, dann mit etwas Parmesan bestreuen.

Im Backofen bei 180 Grad Umluft ca. 20 Minuten backen.

Zubereitung Soße:
Die Zwiebel und den Knoblauch anbraten. Die restlichen Zutaten für die Soße hinzu geben und durchkochen. Fein pürieren und mit Pfeffer und Salz abschmecken.

Lamm mit Spinat und Mandelmilch

Für 4 Personen | Zubereitungsdauer: 30 Minuten

Zutaten:
12 Stücke Lammkarree

400 g Spinat
1 Zwiebel
1 TL Sumach
4 Zweige Thymian
150 ml Mandelmilch
1 EL Stärke
1 Granatapfel

Salz & Pfeffer

Zubereitung:
Die Lammstücke von beiden Seiten anbraten. Nach dem Braten mit Pfeffer und Salz würzen. Im Backofen bei 120 Grad Umluft ca. 10 Minuten garen.

Den Spinat säubern, dann in der Pfanne, in der das Lamm gebraten wurde, anbraten. Zwiebel klein schneiden und hinzu geben. Gewürze und Kräuter hinzu geben und gut auf hoher Flamme kochen. Die Stärke mit etwas Wasser abbinden und unter die Masse geben. Abschmecken mit Pfeffer und Salz.

Die Lammstücke hinzu geben und mit dem Granatapfelkernen servieren.

Tipp:
Statt dem Spinat kann auch Wirsing oder Mangold verwendet werden.

Gibt man noch eine Vanilleschote hinzu, bekommt das Ganze noch eine ganz andere Note, richtig lecker!

Lammrücken mit Kräutermarinade und Safranreis

Für 4 Personen | Zubereitungsdauer: 50 Minuten

Zutaten Lamm:
2 Lammrückenstücke mit Knochen
100 ml Olivenöl
2 EL Zitronensaft
3 Zweige Rosmarin
3 Zweige Basilikum
3 Zweige Thymian
3 Zweige Oregano
100 g Mandeln

Salz & Pfeffer

Zutaten Reis:
500 g Langkornreis
0,2 g Safran
1 EL Pistazien

2 EL Olivenöl

Zubereitung Lamm:
Die Kräuter und die Mandeln grob hacken. Mit dem Zitronensaft und dem Öl gut vermengen.

Lammrücken säubern und trocken tupfen. Mit der Marinade gut einreiben. Mit Salz und Pfeffer kräftig würzen.

Im Backofen bei 180 Grad bei Umluft ca. 30 Minuten garen.

Zubereitung Reis:
Den Reis mehrfach waschen, Safran in 2 EL heißem Wasser einweichen. Die Pistazien in einer Edelstahlpfanne mit dem Olivenöl rösten. Den Reis in einen hohen Topf geben, 1 Liter Wasser aufgießen und aufkochen lassen. Dann das Safranwasser und 1 – 2 TL Salz hinzufügen.

Ca. 20 Minuten bei geringer Temperatur garen lassen. Wenn der Reis fertig ist, die Pistazien unterheben.

Hacksteak auf Zucchini-Spinat-Gratin hierzu Backkartoffeln

Für 4 Personen | Zubereitungsdauer: ca. 60 Minuten

Zutaten Soße:
3 EL Olivenöl
3 Tomaten
1 Zweig Oregano
1 Zweig Basilikum
50 ml Gemüsefond

Zutaten Gratin:
4 Zucchini
200 g Spinat
1 El Rosinen
1 TL gehackter Rosmarin
2 EL Butter
100 g Gruyére-Käse, gerieben
4 EL Butter
50 ml Olivenöl

Zutaten Hacksteak:
750 g Lammgulasch
1 Ei
1 Zwiebel
geräucherter Tabasco
Salz & Pfeffer

Zutaten Kartoffeln:
600 g Kartoffeln
1 EL getrockneter Rosmarin
½ TL Salz
Olivenöl

Salz & Pfeffer

Zubereitung Soße:
Die Tomaten mit kochend heißem Wasser überbrühen, enthäuten und klein schneiden. Die Kräuter zupfen und fein hacken. Die Tomatenwürfel in Olivenöl anschwitzen, Kräuter und Gemüsefond hinzu geben und einköcheln lassen. Mit Salz und Pfeffer würzen.

Zubereitung Gratin:
Zucchini in Scheiben schneiden, 1 Minute in Salzwasser blanchieren, dann kalt abschrecken. Den Spinat ebenfalls kurz blanchieren. Den Spinat in der Butter anschwitzen, Rosmarin und Rosinen hinzu geben und mit Salz und Pfeffer würzen.

Die Tomaten-Soße in eine tiefe Kasserolle geben, den Spinat und die Zucchinischeiben darauf schichten und mit dem geriebenen Käse bedecken. Die Butter in Flöckchen darüber geben und das Gratin mit dem Olivenöl beträufeln. Im Backofen bei 180 Grad Umluft 20 Minuten garen.

Zubereitung Lamm:
Das Fleisch durch einen Fleischwolf treiben, die Zwiebel fein hacken, dann mit etwas Butter oder Öl leicht anschwitzen. Ei, die Zwiebel und das Fleisch vermischen, danach mit ausreichend Pfeffer und Salz sowie mit etwas Tabasco abschmecken. Alles kurz bei hoher Hitze anbraten, danach in den Backofen geben und bei 180 Grad Umluft 10 Minuten garen.

Zubereitung Kartoffeln:
Die Kartoffeln gut säubern und achteln, dann auf ein Blech legen. Mit Öl bestreichen, dann den Rosmarin und das Salz gleichmäßig auf den Kartoffeln verteilen. Bei 180 Grad Umluft ca. 20 – 25 Minuten backen.

Tipp:
Das Lammgulasch wird für das Rezept durch den Fleischwolf gedreht. Wenn Sie keinen Fleischwolf haben, fragen Sie den Fleischverkäufer, ob er das übernimmt.

Hackfleischbällchen
mit Roter Bete auf mariniertem Salat

Für 4 Personen | Zubereitungsdauer: ca. 30 Minuten

Zutaten Hackbällchen:
1 kg Rindfleisch
3 Eier
100 g geriebene Kartoffeln
100 g eingelegte Rote Bete
2 Zwiebeln
30 g Kapern
Butter zum Braten

Zutaten Salat:
2 – 3 große Köpfe vom Radicchio
50 g Rucola
1 Kopf Endivie
1 EL frisch gehackte Kräuter

Zutaten Dressing:
6 EL Olivenöl
3 EL Balsamico
1 TL Tomatenmark
1 Zitrone

Salz & Pfeffer

Zubereitung Hack:
Rindfleisch mit den Kapern durch einen Fleischwolf drehen. Zwiebeln und Rote Bete in feine Würfel schneiden und alle Zutaten miteinander vermengen. Abschmecken mit Pfeffer und Salz. Bällchen formen und im Backofen bei 180 Grad ca. 10 Minuten gar ziehen lassen. Kurz rundherum in einer Pfanne anbraten.

Zubereitung Salat:
Zunächst vom Radicchio pro Person drei große Blätter zur Seite legen. Den Rest des Radicchio in feine Streifen schneiden. Den Rucola sowie den Endiviensalat in mundgerechte Stücke zupfen. Das Ganze mit den Kräutern gut vermengen. Für das Dressing alle Zutaten gut miteinander verrühren und mit etwas Pfeffer und Salz sowie einen Spritzer Zitrone abschmecken.

Geschmorte Kalbsbeinscheiben mit Pflaume, Fenchel und Lauch

Für 4 Personen | Zubereitungsdauer: 40 Minuten | Garzeit 3 Stunden

Zutaten Kalb:
4 große Beinscheiben vom Kalb
2 große Zwiebeln
4 Stangen Lauch
2 Fenchelknollen
200 g Backpflaumen
2 Knoblauchzehen
400 ml Fleischfond
400 g gewürfelte Dosentomaten
200 ml Weißwein
5 Zweige Thymian
1 Lorbeerblatt
2 Zimtstangen
2 Sternanis
1 Orange, deren Schale

Zutaten Joghurt:
200 g Joghurt mit mindestens 10 % Fett
2 Stängel Minze
2 Stängel glatte Petersilie
1 Zitrone, deren Schale
1 Knoblauchzehe

Öl zum Braten
Salz & Pfeffer

Zubereitung Kalb:
Gemüse klein schneiden. Die Beinscheiben mit etwas Öl anbraten, herausnehmen und zur Seite stellen. Gemüse anbraten, mit dem Wein ablöschen und aufkochen lassen. Die Tomaten, den Fond, die Gewürze und die Schale der Orange hinzu geben. 10 Minuten köcheln lassen. Mit Pfeffer und Salz würzen.

Die Beinscheiben einlegen. Mit geschlossenem Deckel 3 Stunden bei 160 Grad Ober- und Unterhitze garen lassen.

Zubereitung Joghurt:
Minze und glatte Petersilie zupfen und klein schneiden. Mit der Zitronenschale und dem Joghurt gut vermengen. Knoblauch klein schneiden und hinzu geben. Mit Pfeffer und Salz würzen.

Tipp:
Als Beilage kann Challa-Brot, Reis oder gekochte Kartoffeln gereicht werden.

Typischerweise wird das Gericht allerdings nur mit Joghurt gereicht.

Schawarma vom Lamm

Für 4 Personen | Zubereitungsdauer: 40 Minuten | Garzeit: 3 Stunden

Zutaten:
1 Lammkeule von ca. 3 kg
50 ml Öl
1 EL schwarze Pfefferkörner
1 TL grüne Kardamomkapseln
6 Nelken
1 EL Fenchelsamen
1 Sternanis
1 TL Bockshornkleesamen
½ Zimtstange
1 EL Kreuzkümmel
½ gemahlene Muskatnuss
1 TL gemahlen Ingwer
1 EL gemahlener Sumach
1 EL Paprika edelsüß

4 Knoblauchzehen
4 Zwiebeln
½ Bund Koriander
50 ml Zitronensaft
500 ml Fleisch oder Gemüsefond

Zubereitung:
Die Gewürze in einer Pfanne kurz rösten. Knoblauch, Zwiebeln und Koriander klein schneiden und mit dem Öl vermengen.

Die Lammkeule in einer tiefen Kasserolle rundherum anbraten, danach mehrfach einritzen. Die Lammkeule mit der Marinade einreiben. Aus der Kasserolle nehmen. Zwiebeln und Knoblauch darin anbraten, den Saft und den Gemüsefond hinzu geben und aufkochen lassen.

Die Keule hinzu geben und im Backofen bei 180 Grad Ober- und Unterhitze 3,5 Stunden garen. Alle 30 Minuten mit dem Fond übergießen.

Für das Schawarma das Fleisch dünn aufschneiden.
Servieren mit Pitabrot und Tomatenragout.

Pita und Tomatenragout mit Harissa

Für 4 Personen | Zubereitungsdauer: 40 Minuten

Zutaten Pita:
400 g Mehl
14 g Trockenhefe
240 ml Wasser
120 ml Milch
2 TL Salz
2 TL Zucker
2 EL Olivenöl

Zutaten Tomatenragout:
6 feste Tomaten
20 g – 30 g Harissa
6 EL Olivenöl
1 gehäuften EL Tomatenmark

Salz & Pfeffer

Zubereitung Pita:
Alle Zutaten gut vermengen. 30 Minuten ruhen lassen, dann Bälle formen, diese dann rund und ca. 1 cm hoch ausrollen. Wieder 30 Minuten ruhen lassen. Im Backofen bei 180 Grad Umluft ca. 10 Minuten backen.

Zubereitung Ragout:
Tomaten in feine Würfel schneiden. Mit den restlichen Zutaten gut vermengen und mit Pfeffer und Salz würzen.

Anrichten als Schawarma:
Das Pita-Brot kurz in der Pfanne rösten. Schawarma, das Ragout mit Gurken, Zwiebeln und etwas fein geschnittene Petersilie sowie etwas Sumach hineinfüllen.

Rindereintopf mit Hummus

Für 4 Personen | Zubereitungsdauer: 20 Minuten | Garzeit: 3 Stunden

Zutaten:
1 kg Rindfleisch
500 g Kartoffeln
1 Stängel Sellerie
200 g Karotten
2 Knoblauchzehen
500 g Hummus
1 TL Piment
2 Nelken
Ca. 1 Liter Fleischfond

Salz & Pfeffer

Zubereitung:
Das Gemüse und Fleisch würfeln. Fleisch in einer Kasserolle anbraten. Danach das Gemüse anbraten. Fleisch und Gewürze hinzu geben und mit Pfeffer und Salz würzen. Hummus darüber geben und mit dem Fond auffüllen.

Mit geschlossenem Deckel 3 Stunden bei 160 Grad Ober- und Unterhitze garen.

Kreplach

Für 4 Personen | Zubereitungsdauer: 40 Minuten

Zutaten Teigtaschen:
1 kg Mehl
1 Liter Wasser
10 g Salz

Zutaten Füllung:
1 kg Zwiebeln
500 g Hackfleisch vom Rind
4 EL Matzemehl

Salz & Pfeffer
Öl zum Braten

Zubereitung Füllung:
Die Füllung sollte am Vortag vorbereitet werden.

Zwiebeln schälen und klein schneiden, dann mit Öl anbraten. Hackfleisch hinzu geben und mit anbraten. Bratensud danach abgießen. Matzemehl unterheben und mit Salz und Pfeffer würzen. Auskühlen lassen.

Zubereitung Teigtaschen:
Am nächsten Tag das Mehl mit dem Wasser und dem Salz zu einem gleichmäßigen und glatten Teig vermengen.

Dünn ausrollen und Quadrate schneiden. Die Füllung darauf geben und zum Dreieck verschließen.

Im siedenden Wasser 4 bis 6 Minuten garen.

Danach können die Teigtaschen in Hühnersuppe als Einlage gegeben werden oder mit Butter und gerösteten Brotkrumen serviert werden.

Tipp:
Anstelle des fertigen Matzemehls können Sie auch die entsprechende Menge Matzebrot zerkleinern.

Halva

Für 4 Personen | Zubereitungsdauer: 20 Minuten

Zutaten:
750 ml Tahina
500 ml Honig

Für die Füllung wahlweise:
Nüsse
Pistazien
Orangeat
Zitronat
getrocknete Früchte
Kokosflocken

Zubereitung:
Honig in einem Topf bei leichter Wärme flüssig machen. Das Tahina hinzu geben und alles auf kleiner Stufe verrühren bis alles sehr gut vermengt ist. Wahlweise Nüsse, Pistazien, getrocknete Früchte, Kokosflocken oder Orangeat oder Zitronat in die Masse hineingeben.

Halva in eine mit Frischhaltefolie ausgelegte Form geben und sehr gut andrücken, damit die Masse kompakt wird. 2 Tage im Kühlschrank fest werden lassen.

Tipp:
Halva hält sich in Folie gewickelt oder in einem gut verschlossenen Behälter viele Wochen lang.

Muhallabieh

Für 4 Personen | Zubereitungsdauer: 20 Minuten

Zutaten Pudding:
500 ml Milch
200 ml Wasser
100 g Zucker
50 g Stärke

30 g Kokosraspeln
30 g Pistazienkerne

Zutaten Sirup:
80 ml Wasser
1 Lorbeerblatt
80 g Zucker
1 Vanilleschote

Zubereitung Pudding:
100 ml der Milch mit der Stärke verrühren. Die restliche Milch, das Wasser und den Zucker leise köcheln lassen. Ist der Zucker aufgelöst, kommt die Stärke-Mischung dazu. Aufkochen lassen, damit es abbindet. Direkt in Förmchen oder Gläser geben.

Zubereitung Sirup:
Vanilleschote auskratzen und mit allen Zutaten zu Sirup kochen. Danach auskühlen lassen.

Pistazien fein hacken und mit den Kokosraspeln auf den Pudding geben. Darüber 1 – 2 EL vom Sirup träufeln.

Mohn-Orangen-Strudel

Für 4 Personen | Zubereitungsdauer: ca. 60 – 65 Minuten mit Backzeit

Zutaten Teig:
300 g Mehl
200 g Butter
1 Ei
50 g Puderzucker
1 Vanilleschote

Zutaten Füllung:
200 g gemahlener Mohn
150 ml Milch
100 g Butter
100 g Puderzucker
2 EL Orangenlikör
1 EL abgeriebene Orangenschale

2 Eier

Zubereitung Teig:
Für den Teig alle Zutaten in einer Küchenmaschine zu einer glatten Masse verkneten. Dann dünn ausrollen.

Zubereitung Füllung:
Mohn, Milch, Butter und Zucker zum Kochen bringen und 5 Minuten bei mittlerer Temperatur köcheln lassen. Nach und nach die restlichen Zutaten hinzu geben und sehr gut verrühren. Die Masse abkühlen lassen.

So geht's weiter:
Die Füllung auf den Teig streichen und einrollen. Die Teigrolle auf ein Backblech geben. Die Eier aufschlagen, verrühren und auf die Teigrolle pinseln. Im vorgeheizten Backofen bei 180 Grad Umluft 30 – 40 Minuten backen und ganz auskühlen lassen.

Pistazien-Eis mit Thymianhonig

Für 4 Personen | Zubereitungsdauer: ca. 30 Minuten

Zutaten:
6 Eigelb
100 g gemahlene Pistazien
100 g Zucker
500 ml Sahne
2 Vanilleschoten

sowie:
100 g Honig
6 Zweige Thymian

100 g geröstete Pistazien

Vorbereitung:
Am besten einen Tag vorher. Den Thymian säubern, dann trocken tupfen und zum Honig geben. Darauf achten, das der Thymian komplett mit Honig bedeckt ist. Ziehen lassen.

Zubereitung Eis:
Das Mark der Vanilleschote herausstreichen. Mit dem Eigelb und dem Zucker sehr schaumig schlagen bis die Masse hell wird. Langsam die gemahlenen Pistazien in die Masse hineinrieseln lassen.

Sahne steif schlagen und unter die Zuckermischung heben. In Förmchen füllen und mindestens zwei bis drei Stunden im Eisfach gefrieren lassen.

Zum Anrichten den aromatisierten Honig auf das Eis geben, dabei können einige Blättchen vom Thymian mit verwendet werden. Die Pistazien fein hacken und darüber streuen.

Sufganiot – israelische Krebbel

Für 4 Personen | Zubereitungsdauer: ca. 60 – 65 Minuten mit Ruhezeit

Zutaten:
350 g Mehl
1 Ei
150 ml Milch
½ Klötzchen Frischhefe
4 EL Zucker
3 EL Butter

Puderzucker

Mit Marmeladenfüllung:
80 g Marmelade nach Wahl

Zubereitung:
Milch mit der Hefe und dem Zucker sehr gut verrühren. Mehl und Ei hinzu geben und 10 Minuten mit einer Küchenmaschine verkneten. Nach und nach die Butter unterheben.

Teig ca. 20 Minuten bei Zimmertemperatur ruhen lassen.

12 Kugeln formen und in Silikonförmchen mittig legen. Noch einmal 20 Minuten ruhen lassen.

Im vorgeheiztem Backofen bei 180 Grad Umluft 15 – 17 Minuten backen, bis eine schöne goldfarbene Oberfläche entstanden ist. Danach herausnehmen und mit Puderzucker abpudern.

Wer seine Sufganiot (Berliner oder Krebbel) füllen möchte, gibt die Marmelade in einen Spritzbeutel mit Tülle und spritzt die Marmelade von unten in das gebackene Bällchen.

Tipp:
Meine Variante ist recht fettarm. Natürlich kann der Krebbel auch klassisch in heißem Öl ausgebacken werden.

Orangenkuchen

Für 4 Personen | Zubereitungsdauer: ca. 20 Minuten | Kochzeit: 1 Stunden

Zutaten Kuchen:
500 g Orangen
6 Eier
250 g gemahlene Mandeln oder gemahlene Haselnüsse
etwas gemahlener Kardamom
etwas gemahlener Zimt
250 g Zucker
1 TL Backpulver, leicht gehäuft

Zubereitung:
Orange im Ganzen 1 Stunden lang durchkochen. Danach öffnen, Kerne entfernen, klein schneiden und fein pürieren.

Eier mit dem Zucker cremig aufschlagen. Mandeln oder Nüsse hinzu geben sowie das Backpulver und die Gewürze.

Die beiden Massen zusammenbringen und gut vermengen. In Gläser oder Förmchen füllen und 30 Minuten bei 180 Grad Umluft backen.

Tipp:
Der Kuchen kann statt mit Orangen auch mit Zitronen oder Limetten zubereitet werden.

Tahina-Plätzchen

Für 40 Plätzchen | Zubereitungsdauer: 30 Minuten
Backzeit: 15 – 17 Minuten

Zutaten:
270 g Mehl
110 g Tahina
130 g Zucker
150 g weiche Butter
1 Vanilleschote
25 g Sahne
1 TL Zimt

Wahlweise:
Rosinen
Nüsse

Zubereitung:
Zucker und Butter in einer Küchenmaschine kräftig aufschlagen, dann die restliche Zutaten hinzu geben. Mit den Händen nochmals kräftig durchkneten.

Vom Teig ca. 20 g (taubeneigroße Stücke) abreißen. Kugeln formen und leicht platt drücken. Auf ein Backblech geben, das zuvor mit Backpapier ausgelegt wurde.

Wahlweise Rosinen oder Nüsse mittig darauf geben.

Im vorgeheizten Backofen bei 200 Grad Umluft ca. 15 – 17 Minuten goldbraun backen.

Bücher von Mirko Reeh

Pasta Pasta

Jetzt kommen wahre Wonnen auf die Teller. Mehr als neunzig neue Nudelrezepte mit Glücksfaktor hat Mirko Reeh in seinem neuen Buch „Pasta, Pasta" angerichtet. Alles drin, was das Herz begehrt. Klassiker, abgedrehte Kombinationen und auch „Mirkos Lieblings-Nudel-Rezepte" – so der Untertitel – sind darin zu finden

ISBN: 9783842356726

Die Soße macht´s!

Was kann es Schöneres geben, als ein Essen mit einer schmackhaften Soße abzurunden. In meinem Buch „ Die Soße macht´s!" möchte ich Sie mit einfachen Schritten an ein eigentlich umfangreiches Thema heran führen. Ich habe 126 Soßen zusammengestellt, von kalten über warmen bis hin zu süßen Soßen.

Mit vielen Basics und Tipps rund um das Thema Soße.

ISBN: 9783842362437

Handkäse Deluxe

Mit Liebe, Lust und Leidenschaft hat Mirko Reeh 60 Handkäs'-Rezepte zusammen getragen und aufgeschrieben. Von Suppen über Salate, Salsa und Sandwiches, Soufflés und Soßen reicht die Palette. Ob kleiner Gaumenkitzel, herzhaft Hauptsächliches oder süße Überraschung – Handkäs' ist einfach unschlagbar.

ISBN: 9783732298266

Handkäse Deluxe II

Nach dem Überraschungserfolg von „Handkäse Deluxe" kommen mit dem zweiten Buch über Handkäse 50 neue Rezepte auf den Tisch.

Mit viel Liebe und einer Menge verrückter Ideen hat Mirko Reeh sich spannende Rezepte ausgedacht. Natürlich immer, alle leicht nachzukochen. Auf 100 Seiten werden Vorspeisen, Sößchen, Suppen, Hauptgerichte mit Fisch, Fleisch, Pasta und sogar wilde Desserts präsentiert. Das Buch garantiert beim Nachkochen für Gäste jede Menge Gesprächsstoff. Zum ersten Mal hat Marc Wuchner viele der 36 Fotografien mit seinem Team gestaltet.

ISBN: 9783739221854

Schnell gekocht!

Wer hat schon alle Zeit dieser Welt, um tolle Gerichte auf den Tisch zu bringen? Mal ehrlich, meistens muss es doch schnell gehen. Aber schmecken soll es trotzdem.
Mit „Schnell gekocht" zeigt Küchenstar Mirko Reeh, wie man auch bei knappem Zeitbudget gesund und lecker kochen kann. Bis auf einige wenige Ausnahmen sind alle Rezepte in maximal 30 Minuten auf dem Tisch. Denn: Mirko bringt alles schnell auf den Punkt. Deshalb gibt's auch keine langen Erklärungen. Und trotzdem funktioniert's.

Über 50 Fotos machen Lust aufs Kochen. Insgesamt hat der Bestseller-Autor, der mittlerweile über 30 Bücher auf den Markt gebracht hat, 80 Rezepte mit vielen Variationen in seinem neuen Küchen-Quicky versammelt. Von der Blitz-Pasta bis zu ausgefallenen Kompositionen, die Mirko Reehs Kreativität zeigen, reicht die Palette. Und was rät der Koch: „Einfach loslegen. Keine Zeit verlieren ... das wird schon", sagt Mirko.

Softcover: ISBN 9783738608649
Hardcover: ISBN 9783734733659

Impressum

Rezepte:
Mirko Reeh ©

Texte:
Barbara Stromberg | www.textorama.de

Portrait Mirko Reeh:
Rani Lurie | www.ranilurie.com

Portrait Andrea Kiewel:
Privat

Portrait Alon Meyer:
Privat

Bilder:
Rani Lurie | www.ranilurie.com

Für die Seiten:
4, 10, 14, 18, 22, 26, 30, 34, 38, 42, 46, 50, 52 und 144

I-Stockphoto.com, für die Seiten:
30, 54, 58, 60, 64, 66, 68, 70, 72, 78, 82, 84, 86, 88, 90, 94, 98, 102, 104, 106, 108, 110, 112, 116, 118, 122, 124, 126, 128, 130, 134, 138, 140, 142, 145, 148, 150, 152, 154 und 156

Gestaltung:
Mirko Reeh

Herausgeber:
Kochwelt Mirko Reeh GmbH
Wiesenstrasse 33 | 60385 Frankfurt
Telefon: 069 9450710 | E-Mail: info@mirko-reeh.com

Herstellung und Verlag:
BoD-Books on Demand, Norderstedt
ISBN: 978-3-7431-0991-9

Herzlichen Dank für die Unterstützung:
Staatliches Israelisches Verkehrsbüro
www.goisrael.de